採り方・食べ方・効能がわかる

【新版】おいしく食べる

山菜・野草

監修
高野昭人

【新版】おいしく食べる山菜・野草

くさそてつ

目次

第1章●早春の山菜・野草

第2章●春の山菜・野草

ぜんまい

たらのき

第3章●夏の山菜・野草

からすうり

第4章 ● 秋の山菜・野草

うばゆり

第5章 ● 薬草として山菜・野草を味わう

ゼンマイと身欠きニシンの炊き合わせ

第1章　早春・ひと足早く季節の訪れをいただく17種

早春の山菜・野草

2～3月に採取できる山菜・野草をご紹介します。ただし、北陸、東北、北海道などの雪の深い山地では、4～5月に採取できるものもあります。

ふきのとう［蕗の薹］

■キク科
■別名――ヤマブキ、アオブキ、アカブキ、ミズブキ、ノブキ、オオバ
■生薬名――和款冬花（わかんとうか）

フキノトウの新鮮な香りとほろ苦さは、待ちわびた春を知らせる大地からの贈り物

惣《そう》菜《ざい》の材料としてよく知られるフキは、キク科の多年草で、日本全国の平地から山地の道端や野原、空き地、川べりなどの日溜まりでよく見かける、親しみ深い山菜です。

食材としては、2～3月ごろに生じるフキノトウのつぼみから始まって、花茎を伸ばして頭部に花を咲かせるフキノトウ、春から夏にかけて30～40㎝の葉柄を伸ばして大きな葉をつけるフキなど、早春から夏まで採取できます。特に、北国では4～5月に雪解けを待ちかねたかのように顔を出すフキノトウは、春を告げる味覚として、新鮮な香りとほろ苦さが珍重され、箸休めの一品として賞味されています。

フキの亜種にアキタブキがあります。秋田県以北から北海道にかけて自生しており、葉柄は人の背丈以上で葉も巨大。にわか雨の折には、雨傘代わりになるほどです。これが覆いかぶさるように茂る、うっそうとした「フキの森」には、コロポックルと呼ばれる小人たちが住んでいたというアイヌ伝説が残されています。

栽培の歴史は古く、関西以西で多く栽培されている「愛知早生フキ」、京都や奈良などで栽培されている「水フキ」などが有名です。

＊採取　フキノトウのつぼみは根元からもぎ取り、フキノトウの花茎や葉柄はつけ根からナイフで切り取ります。

＊下ごしらえ　天ぷらにする以外は、塩ひとつまみを入れてゆで、水にさらしてあく抜きをします。夏に収穫する葉柄は、ゆでてから塩漬けにして保存できます。

＊食べ方　フキノトウを採取したら、苦みが強くならないように、できるだけ早く調理するのがコツです。よく洗って、フキノトウ味噌や天ぷら、煮つけにして早春の香りを楽しみます。また、フキノトウは

5月の連休過ぎに東北地方の山に登ると、谷間に残る雪の脇に、春を待ちかねたフキノトウのつぼみが顔をのぞかせる

フキ料理3品。フキノトウの花茎の唐辛子煮。しゃきっとした歯ごたえで、フキに似た味わい。野趣豊かな一品（奥）。塩漬けで保存していたフキを塩抜きして、あっさりとしたしょうゆ味で煮つけたもの（左）。しょうゆとみりんで煮たもの。ほろ苦さが口直しによく、酒の肴によい（手前）

文字どおりとうが立ってからでも、花茎を摘み取って軽くゆでてあく抜きして、フキ同様に煮ものにできます。

葉柄は夏に採取します。あく抜きをして水にさらしながら皮をむき、おひたしや煮もの、粕漬けなどにします。

＊薬用 咳《せき》止めや痰《たん》切りに効果があるとされます。葉やつぼみを採取して陰干しにし、1日量10〜15gをコップ3杯の水で半量になるまで煎じて、食前3回に分けて服用します。

❶ フキノトウ。地元（山形県の月山麓）ではアオブキといい、アカブキより苦みが少なくておいしいという。花茎を食べる

❷ フキノトウが姿を消すと、葉柄を伸ばし、大きな葉がついたフキが出てくる

❸ フキノトウ味噌。刻んだ生のフキノトウと味噌、酒を合わせて火にかけ、煮すぎると香りが抜けるので、注意しながら練り上げる。ほろ苦さ、新鮮な香り、味噌の味が口中でからみ合い、酒のすすむ肴になる

❹ フキノトウの天ぷら。中のつぼみを取り除いて揚げると、苦さが抑えられておいしい

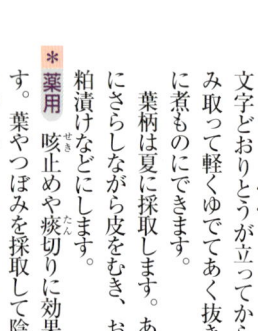

つくし、すぎな

［土筆、杉菜］

トクサ科
別名――ツクシンボ、スギナノコ、ツキグサ、ツギマツ、フデンコ
生薬名――問荊(もんけい)

❶ ツクシ。食用には胞子嚢が開く前の若いものがよい
❷ スギナ。食用、薬用に活用できる
❸ スギナの若芽
❹ ツクシの油炒め。堅いはかまを取ってから料理する

最もポピュラーな早春の野草です。北海道、本州、四国、九州に広く分布し、都会の周辺から野原、山地など、荒れ地、畑を問わずに群生します。

繁殖力の強い多年草で、根茎を長く伸ばして殖え広がり、早春にツクシ、スギナが芽生えます。ツクシは胞子をつくる胞子茎、スギナは葉の働きをもつ栄養茎で、1つの地下茎から別々に出てきます。

3～4月に出るツクシは、淡い褐色で、高さ10～20㎝になり、各節に堅いはかまをつけます。頭部には亀甲形の胞子嚢《ほうしのう》があり、充実すると胞子嚢が開いて胞子を飛ばします。ツクシのあとに出てくるスギナは、緑色で、高さ40㎝ぐらいになり、各節に小さな枝を輪生させます。

＊**採取**　3月ごろに若いツクシを、4月ごろにスギナの若芽を採取します。

＊**下ごしらえ**　ツクシは堅いはかまを取り除きます。胞子嚢は若ければ取らないで大丈夫です。ゆでてから水にさらします。

＊**食べ方**　佃煮、煮つけ、酢のもの、あえもの、卵とじなど。くせがなくおいしく食べられます。スギナも若いものを採取して、ゆでて水にさらし、佃煮にします。

＊**薬用**　4月ごろにスギナの地上部を採取して日干ししたものが生薬の問荊《もんけい》で、利尿効果があるとされています。1日量10gをコップ3杯の水で半量になるまで煎じ、3回に分けて服用します。

たんぽぽ
［蒲公英］

■キク科
■別名――クズナ、フジナ、タンホホ、アズマタンポポ
■生薬名――蒲公英根（ほこうえいこん）

タンポポは多年草で、市街地から郊外の農耕地帯、野原、高山に自生する代表的な野草のひとつです。日当たりのよいところでは、大きな群落をつくって黄色い花で地面を覆い、花後にできる白色の丸い冠毛が風に乗って飛び交う様子は、春の風物詩となっています。

日本全国に分布していますが、地方ごとに種類が異なり、関東地方、山梨・静岡地方に分布するカントウタンポポ、長野県の北部より北に分布するエゾタンポポ、和歌山県から千葉県の太平洋岸に分布するヒロハタンポポ、関西以西に分布するカンサイタンポポ、高山で見られるミヤマタンポポなどがあります。また、白い花が咲くシロバナタンポポが四国や九州を中心に分布しています。

日本の在来種を駆逐する勢いで、総苞《そうほう》外片

花が咲き終わると花茎は倒伏して実を結び、飛散する前にもう一度立ち上がって、球状の白い綿毛を見せる

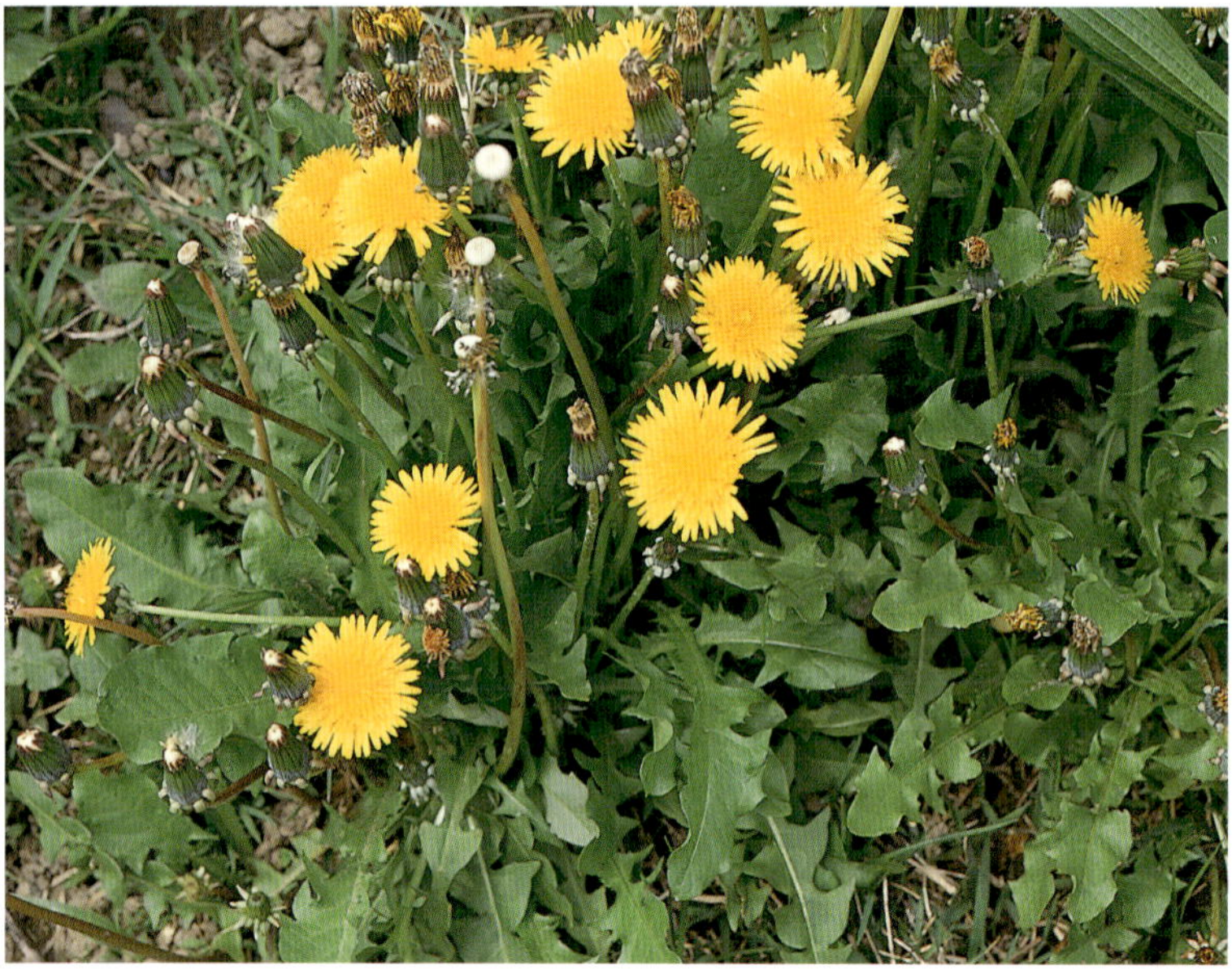

セイヨウタンポポ。ヨーロッパ原産のセイヨウタンポポやアカミタンポポが分布域を広げているといわれてきたが、最近の研究の結果、実際にはそれらの外来種と在来のタンポポ（約15種類が日本各地に分布）との雑種が非常に多いことがわかってきた。在来種は4～5月ごろに開花するが、外来種は年間を通して開花する

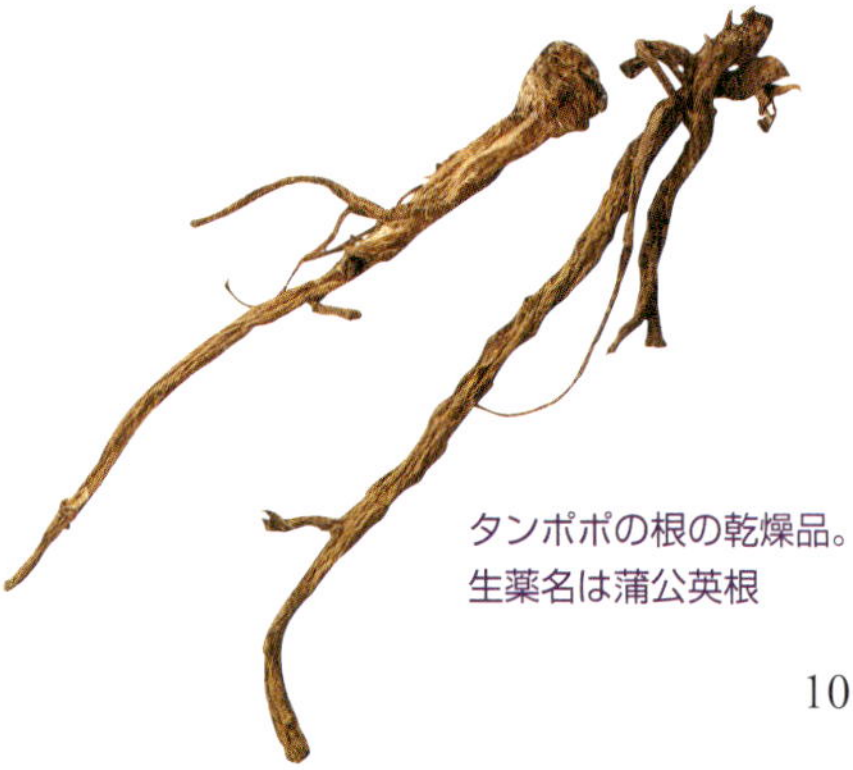

タンポポの根の乾燥品。生薬名は蒲公英根

が反り返るセイヨウタンポポが多くなっているといわれてきましたが、実際には、在来種と外来種の雑種が多いことがわかってきました。利用面では、いずれも同様に使います。

＊採取　3～4月ごろに若葉や花を摘み取ります。つぼみのころは、苦みも強くありません。

＊下ごしらえ　葉は軽くゆでて水にさらします。噛んでみて苦みが強いようなら、しばらく水にさらしてから料理します。

＊食べ方　葉はおひたし、ごまあえやくるみあえ、酢のもの、バター炒めに。花も軽くゆでたあと水にさらして、三杯酢にします。

ゆでて水にさらしてあえものに。苦みが消化を助け、食欲を増進させます

＊薬用　花が咲く前の根を掘り取り、水洗いして干したのが生薬の蒲公英根《ほこうえいこん》です。苦みのある健胃薬です。焼酎に漬けて薬用酒にするほか、民間薬としては1日量10gをコップ3杯の水で半量になるまで煎じ、食後3回に分けて服用すると胃によいとされています。また、細かく切ってから焦げるくらいにいり、コーヒーミルなどで砕いて、コーヒーと同じように抽出すると胃にやさしいタンポポコーヒーになります。

つぼみの酢のもの。キクの花に似た苦みがあり、さっぱりした風味

若葉のごまあえ。ほろ苦みが爽快で、箸休めに向く。花を彩りに

セイヨウタンポポとカントウタンポポの見分け方

花（舌状花が集まってできている頭花）の基部を覆っている総苞《そうほう》（普通の花の萼《がく》に相当する部分）と呼ばれている部分を見て、総苞外片が反り返っているものがセイヨウタンポポです。ただし、雑種タンポポでも総苞外片が反り返っているものが多くあります。

セイヨウタンポポ

カントウタンポポ

やぶかんぞう

［藪萱草］

■ユリ科
■別名――カンゾウ、ワスレグサ
■生薬名――金針菜(きんしんさい)

若芽の料理はまろやかで美味。つぼみは熱冷まし、葉と根は利尿薬に

❶ ヤブカンゾウの若芽。日溜まりでは2月ごろから採取が可能になる。最近はスーパーマーケットなどの店頭でも見かけるほど、身近な山菜となっている
❷ ヤブカンゾウの花は八重咲き。ヤブカンゾウ、ノカンゾウともに花は一日花だが、次々と咲いて目を楽しませてくれる
❸ ノカンゾウの花

ヤブカンゾウの花の甘酢あえ。しゃきっとした歯ごたえが魅力

採取の仕方

芽が出て間もない、草丈10㎝ぐらいの、太くしっかりとしまったものがおいしい若芽です。若芽の根元の土を少し掘り取り、茎の白い部分からナイフで切り取ります。

若芽を採取する時期には、ヤブカンゾウ、ノカンゾウとも形が似ていて判別しにくいので、いっしょに採取してかまいません。食味も変わらないので、同じように料理できます。

採取はナイフを使い、土中の白いところから切り取る

田の畦道や原野、山麓などのやや湿った場所を好んで生えるユリ科の多年草です。北海道から九州まで分布しており、7～8月に花茎を伸ばして、先端にオレンジ色の八重咲きの花を次々と咲かせます。花は朝に開いて夕にしぼむ一日花です。

同じ仲間に本州、四国、九州に分布するノカンゾウがあります。姿は似ていますが全体にやや小さく、花はオレンジ色ですが一重の六弁花です。

どちらも中国原産で、古代に渡来して野生化したもので、同様に食用にできます。花の美しいノカンゾウは庭に植えて観賞されています。

ヤブカンゾウの若芽の天ぷら。さくっとした歯ごたえとソフトな舌触りが楽しめる

＊採取　群生しているので探しやすく、一度にたくさん収穫できます。若芽は3～5月が採取の適期です。左右2列に刀が重なるように生えた葉に包まれた茎の太いものを選び、根元の土を少し掘って、茎の白いところからナイフで切り取ります。また、夏には花とつぼみを採取します。

＊下ごしらえ　花とつぼみは軽くゆでて、若芽は水に軽くさらします。

＊食べ方　若芽は味噌あえやからしあえ、煮びたし、炒めもの、天ぷら、卵とじ、汁の実などに利用します。まろやかな甘みとややぬめりけがあります。花とつぼみはさっとお湯にくぐらせ、酢じょうゆあえ、マヨネーズあえ、天ぷらにします。

＊薬用　夏につぼみを採取して2～3分熱湯でゆで、日干しにしたのが生薬の金針菜《きんしんさい》です。熱冷ましに1日量15gをコップ3杯の水で半量になるまで煎じ、食間3回に分けて服用します。

9月には根ごと掘り上げて、葉と根を切り分け、水洗いして日干しにします。不眠症や体のむくみに、根の場合は1日量10g、葉の場合は20gをコップ3杯の水で半量に煎じたものを、食間に3回に分けて服用します。

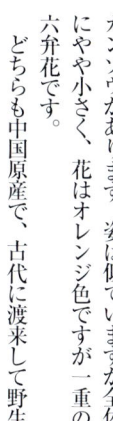

あまどころ［甘野老］

■ユリ科
■別名――エミグサ、カラスユリ、キツネノチョウチン、ヘビスズラン
■生薬名――萎蕤(いずい)

特有の甘みを生かしたおひたしがおすすめ。花は酢のものにしてさっぱりと

北海道から九州まで広く分布する多年草で、山野の日当たりのよい草原などに群生しています。

根は太い地下茎で浅く横に這い、その先端から1本の茎が出ます。茎には稜があり、触ると角張った感じがします。草丈は40～60cmで弓なりになり、先のとがった楕円形の葉を互生します。葉には平行脈があります。5～6月に白い鐘形の花を下垂させて美しいことから、庭植えにして観賞されます。斑《ふ》入《い》り葉などの園芸種も栽培されています。

地方によってさまざまな種類があり、オオアマドコロ、ヤマアマドコロなども食用にできます。

同じ仲間にナルコユリやオオナルコユリがあります。全体はアマドコロによく似ていますが、茎に稜がなく、草丈60cm～1mぐらいになるので、区別できます。若芽、花、地下茎はアマドコロ同様に利用できます。

＊採取　春に若芽を、柔らかい部分から折り取ります。花は初夏に摘みます。若芽のころは毒草のホウチャクソウ(122ページ参照)と似ているので、採取時には注意が必要です。

＊下ごしらえ　あくが少ないので、若芽や花は

アマドコロの若芽。下のほうからしごくようにして、柔らかい部分で折り取る

ホウチャクソウとの見分け方

見分けるポイントは根にあります。アマドコロやナルコユリは太い地下茎になっていますが、ホウチャクソウ（毒草）の根は根元から細かく分枝しています。根の際に指を差し込んでみるとわかるので、むやみに引き抜かないでください。

有毒なホウチャクソウの若芽

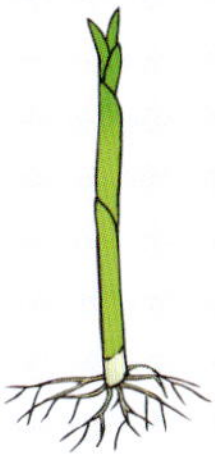

ホウチャクソウ（毒草）

アマドコロ

❶ 園芸品種の斑入りアマドコロ。楚々とした風情があり、庭の下草などに利用される
❷ オオアマドコロの若芽。生長すると草丈1ｍ、茎の直径1㎝にもなるビッグサイズ。おひたしにすると美味（新潟県魚沼市）
❸ アマドコロの根茎を用いた薬用酒。滋養強壮によいとされる
❹ ナルコユリ。アマドコロ同様に食用、観賞用となる

軽くゆでて冷水に浸します。塩漬け、粕漬けにして保存できます。

＊食べ方 若芽には特有の甘みがあり、歯触りもよいので、素材そのものの味が楽しめるおひたしがおすすめです。そのほか、天ぷらや煮ものにもできます。花は下ごしらえしたものを酢のものに、根茎は生のまま天ぷらにして楽しめます。

＊薬用 地上部の葉が枯れる11月ごろに、根茎を掘り上げて水洗いし、細い根を取り除いて日干しにしたものが生薬の萎蕤《いずい》です。漢方では滋養強壮剤ですが、現在の日本ではあまり使われません。民間では根茎をすりおろしたものに小麦粉を混ぜて、打ち身や捻挫《ねんざ》の湿布に用います。

にりんそう

3〜5月に白い花を咲かせたニリンソウ。この白い花を目安に採取するとよい

春の山道を歩いていると、白い花が咲き乱れるニリンソウの群落に出会い、目を奪われることがあります。

ニリンソウは、北海道、本州、四国、九州に分布する、柔らかな茎葉をもつ多年草で、山裾などの雑木林の中や林辺、谷川沿いなど、やや湿りけのある半日陰に自生しています。

根茎は黒色の細長い塊でひげ根があり、草丈は約20㎝。茎の頂部に深い切れ込みのある3枚の葉をつけます。3〜5月ごろに葉の中心から花茎を伸ばして、1〜2輪の白い花をつけます。有毒植物が多いキンポウゲ科のなかで、食べることのできる数少ないもののひとつです。しゃきっとした歯触りと淡泊な風味をあえものなどにして食します。

＊採取 3〜5月に、葉、茎、花を採取します。花がまだついていない若葉のころは、猛毒をもつトリカブト(119ページ参照)の葉に酷似しているので注意します。しかも両者は同じところに混生している場合が多いので、採取は見分けのつく開花時にしましょう。

＊下ごしらえ ゆでてから十分水にさらします。下ごしらえしたものは塩漬けにして保存でき

にりんそう

【二輪草】

■キンポウゲ科
■別名——コモチバナ、コモチグサ、フクベナ、フクベラ、ソバナ

しゃきっとした歯ごたえをからしあえに。採取は花どきに行うのが安全

ます。

＊食べ方 ニリンソウの風味をいちばんよく味わうには、おひたし、あえものがおすすめです。特にからしとの相性がよいので、ゆでたら素早く冷水につけて歯ごたえをよくし、食べる直前にからしとあえます。そのほか、煮びたし、マヨネーズあえ、汁の実に向きます。

ニリンソウのからしあえ。しゃきっとした歯触りとツンと鼻に抜ける辛さが調和した、さわやかな一品

採取したニリンソウ。群生しているのでらくにたくさん採れる。ただし、トリカブトの葉が混じらないよう、くれぐれも注意すること

トリカブトとの見分け方

ニリンソウと猛毒をもつトリカブトを葉で見分けるのは、素人には無理です。写真を見てください。右の1株がニリンソウで、左の2株がトリカブトです。

このように葉の形が似ているだけでなく、混生していることが多いので、採取には十分な注意が必要です。

ニリンソウを採取するときは、花が咲いてから1本1本花を確認しながら行うと間違いを防げ、安心です。ニリンソウは白い花をつけるのに対して、トリカブトは夏から秋にかけて青紫色の花をつけます。

若芽をつき込んだ草餅は、
早春の香り満点。
葉を陰干しして
お灸のもぐさにも

よもぎ

［蓬］

■キク科
■別名——モチグサ、ヤイトグサ、モグサ、ヨゴミ
■生薬名——艾葉(がいよう)

❶

❸

❷

❶ ホオノキの葉を皿代わりにして盛りつけた草餅。きな粉をまぶして食べるとおいしい
❷ ヨモギの若芽。野原や土手、河原に群生しているので、らくにたくさん採取できる
❸ ヨモギの天ぷら。塩を軽くつけて食べるとヨモギの味が引き立つ
❹ ヨモギの若芽をたくさんつき込んだ草餅。早春を味わうのにふさわしい一品

街の空き地や河原、畑などどこにでも生える多年草で、群生していることが多いので、らくに採取できます。昔から若葉を摘んで、餅につき入れたことからモチグサと呼ばれ、今でも春になるとヨモギ摘みをする人の姿を見かけます。食用にするだけでなく薬用にもなる、野に生える有用植物です。

本州、四国、九州に分布し、地下茎を長く伸ばして繁殖します。2～3月ごろに細かい白毛に覆われた根出葉を出し、春には茎を伸ばして高さ1～1.5mになり、裏に白毛を密生した葉をつけます。夏から秋にかけて茎の上部に淡褐色の花を多数咲かせます。

仲間にオトコヨモギ、ホソバノオトコヨモギがありますが、どちらも食用にできます。

＊採取 2～3月に若芽を、6月ごろまでは茎先の柔らかい葉を採取します。

＊下ごしらえ 葉はよくゆでて水に十分さらします。多く収穫したときには、下ごしらえしたものを冷凍保存します。

＊食べ方 シュンギクに似た香味が楽しめます。下ごしらえした若い葉をごまあえや味噌あえにするほか、細かく刻んだものを餅につき込んで草餅にします。若芽や茎先にある葉は天ぷらにすると香味のよい一品になります。

④

＊薬用 6～8月に葉を採取して、陰干ししたのが艾葉《がいよう》です。これを臼でごく細かくつき砕いて、ふるいにかけて葉肉を除き、葉裏の白毛だけにしたものが、灸《きゅう》に用いるもぐさです。

また、8～9月に茎と葉を刈り取り、3～4cmに刻んで陰干しし、これを袋に入れて浴湯料にします。あせも、肩こり、腰痛、神経痛の痛みをやわらげてくれ、冷え性にも効果があります。

❶ ギシギシは水脈に沿って群生しやすいので、地下水位を知る指標植物のひとつになっている
❷ 食用には開く前の若葉を採取する

ぎしぎし ［羊蹄］

■タデ科 ■別名――ウマスイバ、ウマスカンポ、ウマスイコ、オカジュンサイ ■生薬名――羊蹄根(ようていこん)

北海道、本州、四国、九州に分布している多年草で、道端や野原、山麓などの湿ったところを好んで生えています。

地下に太くて堅い根茎があり、早春に長楕円形で長い葉柄をもつ根出葉を出します。春から夏に高さ1mになる茎を伸ばして、分枝した先に淡緑色の花を総状花序につけます。

似た仲間にスイバ(24ページ参照)があります。スイバは酸味が強いことや、葉が細長い三角形であること、草丈が80cmとやや小柄で、花穂が赤みを帯びるので区別できます。

＊採取 2～3月に開ききる前の若葉を採取します。透明なぬめりのある液体に覆われているので、ナイフで切り取ります。

＊下ごしらえ ゆでて水にさらします。

＊食べ方 酢味噌あえ、煮びたし、三杯酢、汁の実などにします。

＊薬用 10月ごろに根を掘り取り、水洗いして日干しにしたのが生薬の羊蹄根《ようていこん》です。便秘に、1日量10gをコップ3杯の水で半量になるまで煎じ、食間3回に分けて服用します。生の根をすりおろしたものは、いんきん、たむしに有効で、患部に塗布します。

おらんだがらし

［阿蘭陀芥子］

■アブラナ科
■別名――クレソン（仏名）、ミズガラシ、オランダミズガラシ、バンカゼリ

別名ミズガラシ、英名ウォータークレスと呼ぶように、水を好む多年草で、北海道から九州までの湧水池や小川、河原など、きれいな水の流れる水辺に群生します。

茎は柔らかく、横に這いながら高さ30～40㎝くらいになり、長楕円形の小さな葉を3～9枚、羽状につけます。5～6月ごろに白い四弁花を穂状に咲かせ、花後に細長いさやに入った実を結びます。

もともと明治初年に料理のつけ合わせとして渡来した西洋野菜で、現在自生しているのは、料理に使った切れ端などが流れ出て野生化したものといわれています。

＊採取　春に採取しますが、新しい葉が次々と出てくるので、茎先の柔らかい葉を摘めば一年中採取できます。

＊下ごしらえ　生で食べるほか、軽くゆでます。塩漬けで保存できます。

＊食べ方　生のままサラダやステーキのつけ合わせにするほか、軽くゆでてからしあえやごまあえ、おひたしに。また、汁の実、煮もの、酢のもの、炒めものにします。

＊薬用　生で食べるとぴりっとした辛みがありますが、これが胃液の分泌を盛んにして、消化をよくします。また、歯痛や筋肉痛などに、生の茎葉をすりつぶして患部を冷湿布すると、痛みが一時やわらぐといわれています。

❶ 河畔に群生するオランダガラシ。現在はクレソンの名のほうがよく知られる
❷ 豚ヒレ肉のクレソン入り黄金焼き
❸ クレソンと大根のサラダ

せり ［芹］

■セリ科
■別名――タゼリ、オカゼリ、ミズゼリ、ノゼリ

❶ セリの若芽。食用にはこのころに採取する
❷ 香りを楽しむセリのおひたし。ゆですぎに注意
❸ セリの天ぷら。かりっと揚げて歯ごたえも楽しむ
❹ セリのごまよごし。ごまの風味が香ばしい一品

早春に摘む代表的な香味野草で、日当たりのよい畦道などでは、1月から採取できます。

北海道、本州、四国、九州と広範に分布し、平地から山野の、畦や溝、川岸、湿りけのある野原、山麓などの日当たりのよいところに群生しています。

太い地下茎を伸ばし、節から白いひげ根を出して殖える多年草で、11月ごろから伸び始める葉は、枯れることなく冬越しするので、昔から冬の貴重な青ものとして採取されてきました。

葉は二回羽状複葉で、小葉は粗い鋸歯《きょし》のある長楕円形です。7～8月ごろ白い花を複散形花序につけ、9月ごろには楕円形の果実をつけます。

＊採取 1～5月に若芽、根を採取します。このときドクゼリ（121ページ参照）と間違わないように、根を調べましょう。セリは白いひげ根であるのに対して、ドクゼリは根の部分に緑色をしたタケノコの下部に似た節がついているので区別できます。

＊下ごしらえ 香りを楽しみたいので、ゆですぎないようにします。

＊食べ方 おひたし、ごまあえやからしあえ、酢のもの、煮びたし、汁の実、すまし汁、卵とじなどに向きます。

＊薬用 軽くゆでたおひたしは、痰《たん》切り、食欲増進、便の通じをよくします。6～9月に全草を採取して陰干しし、刻んだものを3握り布袋に入れて浴湯料にすると、精油の働きで神経痛、リウマチ、肩こりに有効です。

あさつき ［浅葱］

■ユリ科
■別名――アサヅキ、イトネギ、キモト、ウシッビル

ラッキョウに似た鱗茎をもつ多年草で、北海道、本州、四国に分布しています。ノビルと同じように、平地から山地まで、人家のあるところに自生する性質をもっており、古くから、栄養価の高い強壮食品として利用されてきました。

葉は細い円筒形で、長さはおおよそ40cm。初夏から夏に花茎を伸ばして、先端に紅紫色の小花を球状に集めて咲かせます。一か所に群生するので、採取しやすい野生の菜です。

＊採取　鱗茎、葉、花、つぼみを食べます。鱗茎や葉がおいしいのは、花が咲く前で、普通3～4月に採取します。

葉を握って引っ張ると切れてしまうので、群生している部分の土を深く掘り起こして、大きい鱗茎をもつものを採取して、小さいものは埋め戻しておきましょう。花とつぼみは6～7月に採取します。

＊下ごしらえ　生食しますが、辛みがきつい場合には、軽くゆでて下ごしらえします。塩漬けで保存できます。

＊食べ方　鱗茎を洗って根を取り、味噌をつけると、辛みと味噌の風味がよく合って、よい酒肴になります。辛いのが苦手な人は、ゆでたものを酢味噌あえ、サラダ、卵とじなどにします。花とつぼみは生で天ぷら、ゆでて酢のものに用います。

❶ 円筒の線形の葉をつけたアサツキ。鱗茎や葉を食べるときは、花が咲く前に掘り取る
❷ 初夏に咲くアサツキの花
❸ 生の鱗茎は、味噌をつけて生食すると、ぴりっと辛く、よい酒肴になる

のびる

［野蒜］

■ユリ科
■別名——ヒル、ヒルナ、タマビル、タマビロ、ノノヒロ

日当たりのよい畑地に生えたノビル。地下に丸い鱗茎がある

間違いやすいタマスダレは、ヒガンバナ科の球根。有毒なので注意

日当たりのよい畑地や野原、土手などに生える多年草で、北海道から九州まで広く分布しています。

地下にある鱗茎は球状で白色。葉は晩秋から伸びだし、生長すると30㎝ほどの細長い線形になり、緑白色を帯びます。

5～6月ごろに50㎝前後の花茎を伸ばして、先端に淡紅紫色の小さな花を多数球状につけます。全草にネギのにおいがあります。

＊採取　若芽を鱗茎ごと掘り取ります。暖地の日溜まりなどでは2～3月に採取できますが、そのほかのところでは4～5月ごろが適期です。

有毒植物のタマスダレと似ているので注意します。タマスダレにはネギ臭がないので見分けられます。

＊下ごしらえ　あく抜きの必要はありません。塩漬け、味噌漬けで保存できます。

＊食べ方　生食のほか、若芽を天ぷらに。鱗茎ごとゆでて、味噌あえ、酢味噌あえ、マヨネーズあえにします。

＊薬用　栄養価が高く、食用にすると滋養強壮、食欲増進に有効です。

みつば

［三葉］

■セリ科
■別名——ヤマミツバ、ノノミツバ、ノミツバ、ミツバセリ

栽培されたものはほとんど一年を通して店頭に並ぶポピュラーな野菜になっていますが、野生のものは香りが強く、鎮静や食欲増進に効果的です。

ミツバは北海道から九州の平地から高山に自生する多年草で、とくに湿りけのある野原や谷間、川岸などに群生しています。

葉は名前のとおりに3つの小さな葉からなり、30～50㎝くらいの草丈になります。夏に花茎を伸ばし、白くて小さな五弁花をつけ、花後に楕円形の果実をつけます。

＊採取　若葉やつぼみを食べます。自然保護の目的から、根際からナイフで切り取り、根は残すようにしましょう。

＊下ごしらえ　軽くゆでるだけで十分です。塩漬け、味噌漬けで保存できます。

＊食べ方　おひたし、マヨネーズあえ、ごまあえなどのほか、煮びたし、汁の実、すまし汁、卵とじなど幅広く利用できます。生の葉やつぼみは天ぷらにできます。

＊薬用　9月ごろ果実のついたものを採取し、陰干しします。かぜの初期には、1日量15gをコップ3杯の水で半量に煎じ、かすをこして就寝前に服用します。食欲増進にはおひたしを食べるとよいでしょう。はれものには生の葉をすりつぶして患部に貼ると消炎効果があります。

特有の香りがあるミツバの若葉

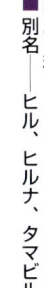

すいば［酸葉］

■タデ科　■別名――スカンポ、スイッパ
■生薬名――酸模根(さんもこん)

畦道に生えたスイバ。花ははじめ淡緑色で、徐々に赤くなる

日当たりのよい野原や田の畦道などに生える多年草で、食べると酸っぱい味がします。地下茎から基部がやじりのようになった細長い三角形の根出葉を出し、春から初夏に40～80㎝の茎を伸ばして、淡緑色の小花を多数咲かせます。

＊**採取**　3～4月に、若芽や若い茎を採取します。

＊**下ごしらえ**　ゆでて水にさらします。酸っぱさのもとはしゅう酸やしゅう酸カルシウムなので、多量の生食は慎んだほうがよいでしょう。なお、ゆでたあと乾燥させて保存することもできます。

＊**食べ方**　淡い酸味と、ぬめりのある食感を生かします。マヨネーズあえ、酢味噌あえ、煮びたしなどに。

＊**薬用**　9月に根茎を採取して日干しにしたのが生薬の酸模根《さんもこん》です。便秘に1日量15gをコップ3杯の水で半量になるまで煎じ、食間3回に分けて服用します。

たびらこ［田平子］

■キク科　■別名――ホトケノザ、カワラケナ、タンポコナ

本州、四国、九州に広く分布する越年草で、古来、春の七草のひとつとされてきたホトケノザといわれている野草が、じつはこのタビラコといわれています。

早春の、まだ水のない田んぼや畦道、土手などに生え、土に張りつくように平らに根出葉を広げていることから、この名がつきました。葉は柔らかく羽状に裂けて、長さ10～15㎝。春になると10㎝ほどの茎を多数伸ばして、多少分枝し、枝先に黄色い舌状花からなる頭花を咲かせます。花は日が当たると開き、夕方や曇りの日は閉じてしまいます。

名が似ているので本種と混同されがちな野草に、より大型のオニタビラコがありますが、まったく別属の植物です。

＊**採取**　2～3月に、柔らかい根出葉を採取します。

＊**下ごしらえ**　ゆでて水にさらします。

＊**食べ方**　新春に七草がゆに利用するほか、おひたし、ごまあえ、汁の実などに。

地面に張りつくように生えるタビラコ

市街地から畑など身近で採取できるウシハコベ

うしはこべ［牛蘩蔞］

■ナデシコ科
■別名——ヒヨコグサ、アサシラゲ、オトコハコベ

葉の質が柔らかく、ハコベなどとともに小鳥の餌として用いられてきましたが、栄養的にも優れていることから、近年、野菜としても利用されるようになってきました。

北海道から九州まで分布する越年草で、ハコベより葉が大きく、高さは20～50㎝。葉先がとがった卵形で、茎に対生し、春先に白色の小さな五弁花をつけます。仲間にハコベ、ミヤマハコベ、ミドリハコベがあり、同様に食べられます。

ハコベは春の七草のひとつで、早春から初冬に至るまで、ほぼ一年中見かけることができる親しみやすい野草です。

＊採取　3～4月に地上部を採取します。

＊下ごしらえ　さっとゆでて水にさらします。

＊食べ方　おひたし、からしあえ、煮びたし、汁の実など。ハコベ汁は、若い茎葉を切りもみし、ダイコンなどを加えて味噌仕立てにしたもの。

ははこぐさ［母子草］

■キク科
■別名——オギョウ、ホウコグサ、モチグサ

❶ハハコグサ。昔はヨモギ代わりに餅につき込まれたこともある

❷天ぷら。かりっとしたころもと、もちっとした歯ごたえが楽しめる

オギョウと呼ばれる春の七草のひとつがこれです。北海道から九州にかけて広く分布し、野原や道端などに自生する二年草です。茎は30㎝ぐらいに伸び、綿毛のついた葉が互生し、春から初夏にかけて黄色い花を咲かせます。

＊採取　早春の3月に若葉や茎を摘み取ります。

＊下ごしらえ　ゆでて水にさらします。

＊食べ方　おひたし、あえもののほか、生のものを天ぷらにします。

＊薬用　開花時に全草を採り、日干しにします。痰《たん》や咳《せき》に、1日量10gをコップ3杯の水で半量に煎じ、食間に3回に分けて服用します。

野にある薬 ア・ラ・カルト

野原や山野は薬の宝庫。薬になる植物がたくさん生えています。
ここでは、私たちが知らないだけで
身近にある薬草をいくつか取り上げてみました。
食べられる野草といっしょに覚えておくと、
野山を歩く楽しみがいっそうふくらんできます。

アマチャヅル

ウリ科のつる性多年草。全国の林縁や藪《やぶ》に生えている。8～9月に茎葉を採取して日干しにし、強壮に1日量15gをコップ3杯の水で半量になるまで煎じたものを、お茶代わりに飲む

ゲンノショウコ

別名イシャイラズ。野原や道端に生えるフウロソウ科の多年草。8～9月に地上部を採取して日干しにしたものを、1日量15gをコップ3杯の水で半量になるまで煎じたものを、食後3回に分けて服用すると下痢止めに有効

キカラスウリ

ウリ科のつる性多年草。夏に開花し秋に黄色い果実を結ぶ。果実から採取して日干しにした種子、1日量10gをコップ3杯の水で半量に煎じたものを食間に3回に分けて服用すると、咳《せき》止め、痰《たん》切りに有効。根は漢方で解熱、下痢止めに用いられる

チドメグサ

セリ科の多年草。葉は切れ込みがある円形で幅1～1.5㎝。光沢があり、折り重なるようにして地面を覆う。切り傷などの血止めに、生葉をもんでつけるとよい

ミソハギ

本州、四国、九州の野原の水辺などに自生するミソハギ科の多年草。薬用には夏から秋の開花期に地上部を刈り取って水で洗い、日干しにしたものを、下痢《げり》に1日量20gをコップ1杯の水で半量に煎じ、食間に1回で服用する

第2章　春爛漫の自然を味わう55種

春の山菜・野草

4～5月を中心に採取できる山菜・野草をご紹介します。
ただし、北陸、東北、北海道などの
雪の深い山地では、6月に採取できるものもあります。

あざみ

［薊］

■キク科
■別名——トゲグサ、ヤチアザミ、マイクロアザミ、ブートアザミ
■生薬名——大薊(たいけい)

❶

❹

❷

❸

深緑を背景に紅紫色の花を咲かせ、夏の野山を彩るアザミは、日本に約60種ほど自生しています。しかし、品種によっては、限られた地方にだけ生育しているものや、自然交雑種も多くあり、品種の特定は困難なようです。山形県の西川町では、ノアザミのほか特においしいとされるものをヤチアザミ、山菜共和国で村おこしをしている新潟県の魚沼市大白川では茎の詰まったものをマイクロアザミ、フキのように空洞になっているものをブートアザミと呼んで、食用にしています。どれもおいしいものでした。ごく一般的に見られるノアザミは、炒めると黒ずんで見た目にはいまひとつですが、食べるとやや苦みがあり、歯ごたえがしっかりしていて、箸休め

❶ アザミのなかでは最もポピュラーなノアザミ。葉は深く裂けて、縁に鋭いトゲが生えている。花が美しいことから園芸品種に改良され、テラオカアザミなどの品種がある
❷ 新潟県魚沼市大白川でマイクロアザミと呼ばれて食用にされているもの。ノアザミの茎は中空で、葉にトゲがあるのに対して、これは茎が詰まっていてトゲも少ない
❸ 山形県西村山郡地方で、アザミのなかでも苦みが少なくておいしいといわれているヤチアザミ
❹ 夏に咲く花は花径4～5㎝の頭状花で、花色は一般的に紅紫色だが、たまに白色のものもある。江戸時代から園芸化され、黄系の花色もあったといわれている

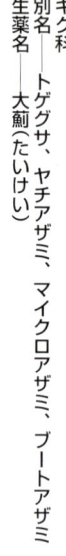

の一品としてはなかなかのものです。

ノアザミは各地に分布しています。北海道のエゾアザミ、東北から本州中部に生えるナンブアザミ、関東から中部地方のトネアザミ、近畿から中国地方のヨシノアザミ、九州にはツクシアザミがあります。どれも葉は複雑に裂け、縁に鋭いトゲがあります。夏から秋にかけて筒状の小花が集まった紅紫色の頭花をつけます。

このほかアザミの仲間には、根の部分をヤマゴボウと呼んでいるモリアザミ（117ページ参照）があります。

＊**採取**　4～5月に若い茎や若芽を採取します。

＊**下ごしらえ**　皮をむき、ゆでて水にさらします。苦みが気になるときは十分に水にさらします。塩漬けで保存できます。

＊**食べ方**　茎はフキのように煮たり、油炒め、佃煮に。若芽は水洗い後に天ぷらや汁の実にします。

＊**薬用**　4～5月にノアザミの全草を採取します。生の茎葉を煎じた液は利尿に効果的といわれていますが、これは定かではありません。また、煎液を湿疹の患部に塗ると効果があるといわれています。根を日干しにしたものが生薬の大薊《たいけい》で利尿に、1日量10gをコップ3杯の水で半量になるまで煎じて、3回に分けて食前か食間に服用します。

マイクロアザミの油炒め。歯ごたえとほどよい苦みが口直しに好適

黒ずんで、見た目はいまひとつ……でも、くせのないまろやかな味は二重丸

収穫したブートアザミの若葉

アザミの若葉の天ぷら

ヤチアザミの味噌風味炒め

アザミの下ごしらえ

1 外皮を葉ごとむく

採取したアザミは、できるだけ早いうちに下ごしらえします。

葉柄をつかんで下方に引き下げると、外皮ごときれいにむけます。上部にある葉から順に下へと作業を進めます。アザミの仲間はいずれもこの方法で外皮がむけるので、覚えておくと便利です。

2 塩ゆでにする

外皮をむき終わったら、塩少量を加えて沸騰させた湯に入れて、かき混ぜながら短時間でゆで上げます。あまりゆですぎないように注意しましょう。

ゆで上がったら手早くすくい上げて冷水に放すのが、色よく仕上げるコツです。冷水にさらすことで、あくも抜けます。

3 冷水にさらす

炒めたりすると、黒っぽく変色しやすいので、冷水につけたあとにも何度か水を取り替えながらしばらくさらし続けるのがポイントです。十分冷水にさらしたらすくい上げて調理します。

リュウキンカなどあくの強いものも、苦みを抜くために、しばらく冷水にさらし続けるとよいでしょう。

あかざ

［藜］

■アカザ科
■別名——ウマナズナ、アトナズナ

❶ ヤロウが咲く花壇に生えてきたアカザ
❷ シロザの若芽。アカザ同様に食べられる
❸ アカザの煮びたし。こくがあっておいしい

アカザは南アジアから北アフリカ、北アメリカにかけて広く分布する一年草で、日本では北海道、本州、四国、九州の各地に自生しています。

ビタミンA・B_1・Cを多く含み、江戸時代には栄養価の高い野菜として栽培されていました。

現在は野草化して、河原や野原、荒れ地などの日当たりのよいところに好んで生え、ときには畑に侵入してきて、放っておくと1.5mくらいまで伸びます。大きな三角形の葉をつけ、夏から秋にかけて黄緑色の小さな花を円錐花序につけます。

若芽のころは、葉の中心にある若葉は美しい紅紫色で、葉全体が白い粉で覆われています。これとは別に、紅紫色の部分が白くなるシロザがあります。これもアカザ同様に食用になります。

＊採取 4～5月に若芽を採取します。

＊下ごしらえ 若葉についている粉をよく洗い落として、軽くゆでて水にさらします。天日干しにして保存できます。

＊食べ方 下ゆでしたものは、おひたしやごまあえ、くるみあえ、マヨネーズあえ、天ぷらにします。

日干しにしたものは水につけてもどし、よく粉を落としてから煮びたし、炒めもの、汁の実にします。

わらび

［蕨］

■ワラビ科
■別名――ササワラビ、ワラビナ、ヤワラビ、ヤブワラビ、サワラビ

雪の重みで押しつぶされたかやの下からいち早く芽を出したワラビ。養分と日当たりがよいためか、茎は太くしなやか

採取した食べごろのワラビ

だれでも知っているポピュラーな山菜です。くせのない香りと特有のぬめりで、広く親しまれています。あくに発がん物質があるといわれて敬遠されたこともありましたが、実際にはあく抜きをして食べることと、発がん物質の影響が懸念されるには毎日大量に食べ続けることを仮定したものである点を踏まえれば、惣菜《そうざい》としてほどほどに食べるぶんには問題はなさそうです。

ワラビは、北海道、本州、四国、九州に分布する多年草で、日当たりのよい原野、山の斜面に生えています。今回の取材のときも場所によって生育状態が異なり、茎の太いいちばんの良品が見つかったのは、かやが積雪で押しつぶされた場所でした。

＊採取　4月ごろから北国では6月ごろまで、茎の先端がこぶし状に丸まった若芽を採取します。下からしごくようにするとポキリと折れるので、その柔らかい部分で折り取ります。

＊下ごしらえ　採ったものをすぐ食べるときは、ゆでて水にさらすだけでいいのですが、普通はあくが強いので木灰か重曹を使ってあく抜きします。ただし、あくを抜きすぎると味気ないものになってしまうので、完全に抜かないように加減します。

たくさん採れたときには、塩漬けや天日干しにして保存します。

＊食べ方　おひたしにするとワラビ本来のぬめりと風味が味わえます。白あえ、くるみあえ、からしあえ、マヨネーズあえなど、ほかの味とあえてもおいしく食べられます。また、煮つけ、煮びたし、汁の実にしても素朴な風味と独特な歯ごたえが楽しめます。

このほか、根からはでんぷんがとれます。これを材料に作ったのが本当のわらび餅ですが、市販されているわらび餅の大半は、小麦粉から作っているようです。

風味を損なわない程度にあくを抜くのが、山菜をおいしく食べるコツです

❶ 天日に干して乾燥させた保存品
❷ 素朴な風味のワラビの味噌汁
❸ 煮ものワラビのしょうがあえ。ワラビ本来のぬめりと風味が味わえる一品
❹ 干しワラビを使った煮もの
❺ ワラビとさばなまりの煮もの。ワラビ独特のぬめりとさばなまりのこくのある味がみごとに調和した、おいしい一品

ワラビのあく抜き

1

ゴミなどを取り除いてから、ゆったりと並べることのできるバットなど、大きめの容器を用意して、ワラビを敷き並べる。銅製の容器を使うと、一段ときれいな色に仕上がる

2

ワラビの重量の1割ぐらいの重さの木灰を用意して、ワラビの上からまんべんなくかける。木灰がない場合は、小さじ1杯の重曹をかけるが、木灰で処理したほうが口当たりよく仕上がる

3

ワラビ全体がつかるぐらいに、木灰の上からたっぷりと熱湯を注ぎ、むらにならないように菜箸などでよくかき混ぜる

4

ワラビが浮かないようにふたをして、その上に重しをのせて一晩ぐらいおいておく。重しはワラビが浮いてこない程度の重さがあればよい

5

あく抜きが終わったら水でよく洗って灰を落とし、大きめの鍋にたっぷりの水を入れてワラビが柔らかくなるまでゆで、冷水にさらす。ゆですぎるとおいしさが半減するので注意する

6

水にさらしたら、ときどき味をみて、ちょうどよくなったら水から出して水をきる。堅い根元の部分と丸まった穂先を切り取って、茎を適当な長さに切り、調理する

いぬどうな

［犬唐菜］

■キク科
■別名――ドホイナ、ドホナ、クワダイ、ボンナ

①

②

① イヌドウナには葉柄に翼があり、その基部が茎を取り囲むようについている
② イヌドウナの茎は中空になっている
③ おひたし。ほろ苦みと独特の香りがある
④ イヌドウナの天ぷら。塩味で食べるとさっぱりしておいしい

本州中部以北から北海道に生える大型の多年草で、主に東北地方の日本海側で山菜として親しまれています。

　山地から山に近い平地、谷間などの日当たりのよい草原や半日陰の林床に多く自生しています。生長すると茎は2mほどになり、葉柄をもつ三角形の葉をつけます。葉柄には托葉の翼があり、その基部は茎を巻いています。夏から秋にかけて、茎の上部に白色の筒状の花を円錐状につけます。

　似た仲間にヨブスマソウがあります。イヌドウナの茎は中空なのに対して、ヨブスマソウは茎の中まで詰まっていることや葉柄に翼がないなどの点で異なります。イヌドウナ同様に食用できます。

③

④

＊採取　4～5月に生え際から若芽を折り取ります。少し伸びているものでも、茎の上部の柔らかい部分は採取可能です。群生しているので、比較的簡単にたくさん採れます。

＊下ごしらえ　ゆでて水にさらします。塩漬けで保存できます。

＊食べ方　生のまま天ぷらにするとおいしくいただけます。下ごしらえしたものは各種あえもの、煮びたしに。塩蔵して塩抜きするとソフトな風味になり、サラダ、マヨネーズあえ、ごまあえなどに向きます。

かたくり ［片栗］

■ユリ科
■別名――カタカゴ、カタコユリ、カタバナ、カッコバナ、ヤマカンピョウ
■生薬名――片栗澱粉(かたくりでんぷん)

山の雪が解けて、ようやく春らしく感じられるようになると、いよいよカタクリの季節です。日当たりのよい雑木林の、木漏れ日が差し込む斜面で、群生したカタクリのうつむきかげんに咲く花を見ることができます。その可憐な美しさは格別で、万葉の時代から、すでにカタカゴの名で呼ばれ、親しまれてきました。

栽培は難しいといわれながらも、多くの山野草愛好家に愛培されています。

カタクリはラッキョウのような鱗茎をもつ多年草です。雪が解けると、落ち葉が敷き詰められた茶色の山肌にいち早く芽を出します。花をつけない幼苗のときは1枚葉ですが、7年目からは2枚葉となって花を咲かせ始めます。早いところでは3月、普通は4～5月ごろに花茎を伸ばし、先端に花弁が反り返った紅紫色の花を1輪咲かせます。

北海道、本州、四国、九州に分布しますが、関西以西では珍しく、主に中部地方や東北地方の山でよく群生しているのを見かけます。

＊採取　3～5月ごろに花をつけた若芽を採取します。来年も楽しめるように、地下部（鱗茎）は残しておきましょう。

❶ 雑木林の木々がまだ葉をつける前、木漏れ日を浴びて可憐な花を咲かせるカタクリ。林が葉で覆われる6月ごろには、地上部はすっかり姿を消して休眠する
❷ 残雪の中に1枚の葉を出したカタクリ。1枚葉のものは未開花株で、6年ほどこの状態で生育し、7年目に花をつける
❸ カタクリをゆでてから水にさらし、そのあとに日干しにした乾燥カタクリ。これをビニール袋に入れ、密封して保存する

まろやかな甘みをもつカタクリは、おひたしや酢のものなどあっさり風味で

＊下ごしらえ　さっとゆでて水にさらします。保存は下ごしらえしたものを日干しにして、ビニール袋に入れて密封しておきます。

＊食べ方　下ごしらえしたものをそのままおひたしや酢のものにすると、やわらかな甘みが楽しめます。乾燥保存したものは水につけてもどし、煮つけや油炒めにしていただきます。

＊薬用　葉が枯れる前の6月ごろに鱗茎を掘り取ります。水洗いしたあと、すり鉢などですりつぶし、水を加えてかき混ぜます。その液を布でこして、しばらく放置します。そうすると白いでんぷんが沈殿します。これを乾燥したものが片栗澱粉《かたくりでんぷん》で、熱湯で溶いて食べると滋養料になります。また、水でこねて湿疹の患部に湿布すると効果があります。

カタクリのおひたし

片栗粉といわれるものは、本来これをさしますが、量産がきかないために、一般に市販されているのはジャガイモのでんぷんが多いようです。

乾燥カタクリの含め煮。生のカタクリを食べすぎると下痢《げり》するが、干したものならその心配は無用

採取したカタクリ

採取の仕方

カタクリは、種子から花が咲くまでに7年かかるといわれる生育の遅い植物です。一度荒らされると次に生えてくるのが難しく、年々群生地が減少しているといいます。

そこで、山で採取するときには、できるだけ自然を残すように鱗茎を採るのは諦めて、2枚葉のうちの1枚の葉と花だけを採るようにしましょう。鱗茎に葉が1枚ついていれば、来年も花を見せてくれるはずです。

カタクリの採取は葉1枚と花のみに

きよたきしだ［清滝羊歯］

■オシダ科
■別名――キヨタケシダ、アブラコゴミ、イッポンコゴミ、アカコゴミ

コゴミ（クサソテツ44ページ参照）とよく似ていますが、茎に褐色の鱗片が密生し、赤っぽく見えるのでアカコゴミと呼ばれています。また、コゴミは輪状に束になって生えるのに対して、1～2本しか生えないことからイッポンコゴミの名があります。

分布域も、クサソテツは北海道から九州まで広く分布していますが、キヨタキシダの自生地は本州、四国、九州です。山中の湿った原野や林内で、クサソテツより高い場所を好んで生えます。

根茎が地中を這って伸びる多年草で、春に新芽を出して葉柄を30～40㎝立ち上げ、その先端に小さな葉がたくさん集まった三角形の葉をつけます。葉柄の根際は黒ずみ、基部から上部に褐色の鱗片をつけます。

この仲間には北海道に自生するミヤマシダがあり、同様に食用にできます。

＊採取　4～5月、高山では6月ごろまでが適期。頭部にある葉の巻き具合がよく締まっている若芽を採取します。

＊下ごしらえ　あくがないのでゆでるだけで大丈夫です。保存はゆでたものを日干し、または塩漬けにします。

＊食べ方　おひたしやあえもの、卵とじ、炒め煮、煮びたしに。クサソテツより油気があり、風味豊かで、人によってはこちらのほうがおいしいといいます。

❶

❷

❸

❶ 茎に茶色の鱗片があるので、クサソテツと容易に見分けられる
❷ 乾燥保存したキヨタキシダ。ゆでて干すとさらにおいしさが増すといわれる
❸ 干しキヨタキシダの煮もの。美しい紅紫色になり、見た目もきれい

採取したキヨタキシダの若芽

あけび

［木通］

■アケビ科
■別名――ミツバアケビはキノメ、ムラサキアケビ。アケビはイシアケビ
■生薬名――木通（もくつう）

採取したミツバアケビの若葉。東北地方では山菜のはしりとして珍重される

おひたしはたっぷりのお湯でひと煮立ちさせ、冷水にさらす。さくさくとした歯ごたえがありおいしい

若芽のおひたしは香ばしさとほろ苦さが酒の味を引き立てます

ミツバアケビの若芽

ミツバアケビの若葉

つる性の落葉低木で、アケビのほかミツバアケビがあります。本州、四国、九州に分布し(ミツバアケビは北海道にも分布)、山や野原、雑木林などのよく日が当たるところに自生しています。

つるがほかの植物にからみつきながら伸び、短い葉柄のある楕円形の小葉をつけます。葉はアケビが5枚、ミツバアケビは名前どおり3枚の葉で構成されます。どちらも4〜5月に暗紫色の花をつけます。花後に実を結び、熟すと縦に裂けて、内部の白い果肉が見えてきます。

食べるのは若芽と果実ですが、若芽はミツバアケビのほうが味わいよく、東北地方ではミツバアケビを「キノメ」と呼んで珍重しています。

＊採取 3〜6月に若芽や若葉を採取し、秋に果実を収穫します。

春の山に入って日当たりのよい場所に出たら、周囲を見渡してみましょう。木にからみついたつるから若葉を出し、柔らかそうな枝先を伸ばしているアケビに出会うかもしれません。若葉は葉柄ごと、つる先にある若芽はしごくようにして柔らかい部分から折り取ります。

＊下ごしらえ 若芽や若葉は軽くゆでて冷水にさらし、歯ごたえをよくします。塩漬けで保存できます。

＊食べ方　若芽はおひたしや巣ごもり、あえもの、切りあえに。若葉はおひたし、くるみあえ、からしあえ、煮びたしなどに向きます。

切りあえは、ゆでた若芽をよく絞って、焼き味噌といっしょに細かく刻んだもので、ほろ苦さが酒の味を引き立てます。

秋に収穫する果実は、甘い果肉を生食し、果皮も食用にします。ひき肉とタマネギなどの野菜を刻んで油で炒め、やや甘めの味噌で味つけし、果皮に詰めてたこ糸で縛り、蒸し焼きにします。香ばしさと苦みがあり、よい酒肴になります。

＊薬用　葉が落ちる11月ごろにアケビのつるを採取します。直径1～2㎝のものがよく、これを2㎜ぐらいの厚さに輪切りにし、日干しにしたものが木通《もくつう》です。腎炎や脚気《かっけ》、膀胱《ぼうこう》炎などによるむくみ取りに、1日量15gをコップ3杯の水で半量になるまで煎じ、食間3回に分けて服用します。

油で炒めた
アケビの実の肉詰め

❷

❸

❶

❶ アケビ、タラノメ、ヤマブキショウマの切りあえ。ほろ苦さが酒の味を深めてくれる
❷ 若芽の巣ごもり。若芽をゆでて水にさらし、器に盛って、真ん中に卵黄を落とす。しゃきっとした歯触りの若芽に卵黄がからんで、絶妙な味を醸し出す
❸ アケビの若い実の甘露煮

おおばこ

［車前］

オオバコ科
別名――スモウトリグサ、カエルバ、ゲーロッパ
生薬名――車前草（しゃぜんそう）、車前子（しゃぜんし）

❶ 春間もないころのオオバコの若葉。このころでも少しすじっぽいので、十分にゆでて下ごしらえするとよい
❷ オオバコの仲間のヘラオオバコ
❸ 初夏から秋に花を咲かせて実を結ぶ。薬用にはこの時期に地上部を採取する

郊外の原っぱや土手、道端など、どこにでも生える多年草です。花茎を摘み、2本の花茎を十字に組んで引っ張り合い、先に切れたほうが負けという、オオバコ相撲をして遊ぶことから、スモウトリグサの別名があります。このとき、切れた茎から何本もの条《すじ》が出ることや、強靭な花茎のイメージから、とても食用になるなどと思えないのですが、じつは若葉は食用になり、さらに種子は咳《せき》止め薬になるという有用植物なのです。

オオバコは東アジアに広く分布する多年草で、北海道、本州、四国、九州、沖縄に自生しています。葉は長い葉柄をもつ卵形で、数本の平行脈があります。春から秋にかけて、20〜40cmの花茎を伸ばして目立たない花を穂状につけ、花後に褐色の果実を穂状にたくさんつけます。

似た仲間に帰化植物のヘラオオバコがあります。ヨーロッパではハーブとして知られており、オオバコ同様に食用、薬用に利用できます。

＊採取 4〜5月に若葉を採取します。

＊下ごしらえ 熱湯で十分にゆでて、水にさらします。

＊食べ方 おひたし、ごまあえ、マヨネーズあえのほか、煮ものにします。また、生のまま天ぷらにできます。

＊薬用 開花期の7月から実を結ぶ10月ごろに、地上部を採取して日干しにしたのが、生薬の車前草《しゃぜんそう》です。咳《せき》止め、痰《たん》切りに1日量10gをコップ3杯の水で半量になるまで煎じ、食間に3回に分けて服用します。

また、秋に果実の中の種子を集めたものが生薬の車前子《しゃぜんし》です。車前草同様の効果があります。

オオバコの若葉の天ぷら

くさそてつ

［草蘇鉄］

■ウラボシ科
■別名――コゴミ、コゴメ、アオコゴミ、ホンコゴミ

山中の低地でやや湿ったところに生えるクサソテツ。このくらいのものが採取の適期

近ごろは東北地方から出荷されたものが、都市部のマーケットでも市販されているほど、ポピュラーになってきた山菜のひとつです。そのため、植物名のクサソテツよりも山菜名のコゴミのほうが、一般によく知られているかもしれません。

クサソテツはシダの仲間の多年草で、北海道、本州、四国、九州に分布しています。主に食用にされるのは、東北・中部地方です。雪が深いところで育つコゴミは、雪解け後にすぐに芽を出して、あっという間に生長するので、柔らかくてみずみずしいところが、おいしさの秘密になっているようです。

山地の雑木林の中で、木漏れ日が当たるような湿地に集団で生えています。

春先にくるくると巻いた新芽を出します。これがコゴミです。葉は輪状につき大きくなるとまるでソテツの葉のような姿になるため、クサソテツの名がついたといわれています。葉には食用になるものと、胞子をつくるものとがありますが、胞子葉は夏か秋に葉の中心から出てくるので、春の採取時には、気にすることなく採取できます。

生長した葉は美しいため、日本庭園の下草などに用いられています。

似た仲間にアカコゴミと呼ばれるキヨタキシダ（39ページ参照）があります。

＊採取 4〜5月に茎の葉柄の先が巻いた状態

クサソテツの葉は繊細で美しいので、庭の下草にも利用される

採取したコゴミ。できるだけ早く食べるのがおいしく食べる秘訣

❶ ごまのあえごろもをかけたコゴミ。しゃきとした歯ごたえとごまの香ばしい香りがよく合う。素早くゆでたら水にさらし、きっちり絞って水気を取り、食べる直前にあえるとよい
❷ コゴミの天ぷら。ころもを薄くつけて、170℃の油でじっくり揚げる
❸ コゴミのおひたし。ゆですぎないように注意する

の若い芽を採取します。雪の深い東北地方では、高く伸びても芽先の柔らかい部分を摘み取っています。一般に群生しているので、見つければ一度にたくさん収穫できます。採取するときには、株元を握って折り取りますが、全部取らないで、来年のために1つの株に小さな芽を1～2本残すようにします。

＊下ごしらえ あくがないので、生か軽くゆでる程度にします。塩漬けで保存できます。

＊食べ方 おひたし、マヨネーズあえ、ごまあえ、白あえがおすすめです。鮮やかな緑色で見た目にも美しく、特有の香りと歯ごたえがあり、春の山の精を味わうような魅力があります。生のまま天ぷらにしても美味です。

鮮やかな色、香り、歯ごたえ。三拍子そろった春山山菜の代表格

クサソテツの若芽。この山菜名がコゴミ

こしあぶら ［金漆］

■ウコギ科
■別名――ゴンゼツノキ、オンナゴンゼツ、アブラッコ、イモノキ

北海道から九州の山地に自生する落葉高木で、高さが20mぐらいになります。全体的にはウコギに似ていますが、トゲがなく、葉は大きさの異なる5枚の小葉からなる掌状複葉で、10～30cmの長い葉柄があります。葉裏はやや粉白がかった緑白色で、葉脈に毛が生えています。8月ごろに枝先に淡黄緑色の小さな五弁花を集めて花穂をつくり、花後に実を結び、秋に黒紫色に熟します。

別名のゴンゼツノキは、この木の樹脂をこして、金漆《ごんぜつ》という塗料にしたためで、和名は油をこすにちなんでつけられたものです。

コシアブラの天ぷら。ほくほくとして香ばしく、大変おいしい一品

コシアブラ。雑木林で株立ちになっているものを見つけると、らくに採取できる

＊**採取**　4～5月に若芽を枝のつけ根からもぎ取ります。樹高が高いものは採取に手間取りますが、雑木林に生えているものは、株立ちになっている若木が多いので、これらを見つけると容易に採取できます。

＊**下ごしらえ**　若芽の根元についているはかまを取り除き、ゆでて水にさらします。

＊**食べ方**　脂肪とたんぱく質が豊富で、こくがあり、まろやかな風味がもち味です。タラノメ（52ページ参照）よりおいしいという評判があります。生のまま天ぷらにするのが最もおいしい食べ方で、そのほか、ごま味噌あえ、ごまあえ、くるみあえ、煮びたし、煮つけ、汁の実などに向きます。

採取したコシアブラの若芽

ぜんまい［薇］

■ゼンマイ科
■別名――アオゼンマイ、ゼンメ、ゼンゴ

最近水煮にされたゼンマイがスーパーマーケットの店頭に並ぶほどで、最もポピュラーな山菜のひとつです。

北海道、本州、四国、九州に分布していますが、一般に東北地方が名産地で、春に山村を訪ねると、民家の庭先でゼンマイ干しをしている光景に出会います。

ゼンマイは根茎で殖える繁殖力旺盛な多年草です。平地から高山の湿った野原や土手、崖地などに群落をつくりますが、最近は採取のしすぎか、東北地方の産地でも大きな群落は山奥にしかなくなったといいます。

根茎から出る葉は食用になる葉と胞子葉からなり、春になると褐色の綿帽子をかぶって発芽します。地方によっては茎が青みがかっているものをアオゼンマイ、褐色に近いものをアカゼンマイと呼んで区別し、前者のほうがおいしいといいます。

＊採取 4月ごろが適期ですが、雪の多いところでは7月ごろまで採取可能です。茎の先が巻いた若い芽を下のほうからしごくようにして、柔らかい部分で折り取り、茎の部分を食用にします。

＊下ごしらえ あくが強いので、木灰や重曹を用いてあく抜きをします。木灰のほうがおいしく仕上がるといいます。あく抜きしたものは乾燥または塩漬けにして保存できます（乾燥方法は51ページ参照）。

葉が丸まっている
ゼンマイの若芽

❶ 庭先でのゼンマイ干し。完成に近づくにしたがい、赤色に変わっていく
❷ ゼンマイの葉は清涼感があるので、庭の下草にも用いられる

山間部の土手に生えたゼンマイ。茎の部分が青みを帯びているのがアオゼンマイで、アカゼンマイよりおいしいとされる

炒め煮にして、まろやかな風味と独特の歯ごたえを楽しみます

＊食べ方 生であく抜きしたものは、炒め煮、煮つけ、白あえ、くるみあえ、汁の実と幅広く利用できます。独特の歯ごたえとまろやかな風味があり、太くて柔らかいものほど高級とされます。

乾燥したものは、たっぷりの水に入れて火にかけ、沸騰する手前でゆで汁を捨てます。これを3回繰り返し、3度目の水が熱くなったところで火からおろし、1日放置するとふっくらした状態にもどります。

＊薬用 7～8月に地上部を採取し、日干しにします。利尿や貧血に、刻んだもの10gをコップ3杯の水で半量になるまで煎じて服用します。

1

2

3

❶ しょうゆと酒、砂糖で薄く味つけした炒め煮。柔らかくて溶けるような舌触り
❷ 完全に干し上がった干しゼンマイ。密封しておけば、長期間保存できる
❸ ゼンマイの味噌汁

ゼンマイのあく抜きと天日干し

ゼンマイは山菜のなかでもとくにあくの強い部類に入ります。ワラビなどと違って、採取したものをすぐに調理して食べるわけにはいきません。たいていの場合は、あく抜きをした後、天日に干して乾燥させ、保存したものを必要に応じてもどして利用します。また、そのほうが風味も一段とよくなります。

　天日干しは、ゆでてすぐ日光に当てて干す作業なので、晴天の日を選んで行います。

1 ゼンマイの綿毛を取る。茎の下のほうからしごくようにしてはずすとよい

2 綿毛をはずしたら、ゆでる容器の大きさに合わせて束ね、木綿のひもで結わえる

3 ゼンマイの束を扱いやすくするためにひもにロープをつなぎ、ゆで釜の湯が十分沸いたところに、ゆっくりと入れる

4 しばらくして、泡（あく）がぷつぷつと上がってきたら、ロープの端をつかんでゼンマイの束を裏返す

5 もう一度泡が上がってきたら、水きりかごに引き上げて混ぜる。熱いうちによく混ぜるのが柔らかく仕上げるコツ

6 日当たりのよい場所に敷いたむしろに、ゆでたゼンマイをまんべんなく広げる

7 干し始めの状態。十分な日光を浴びると、干し始めてから1～2時間で赤みを帯びてくる

8 赤く色づき始めたら、手もみ作業を開始。折れないように注意して、無理なく丸めながらもんでいく

9 干し上がるにつれてしんなりとしてくるが、間をおかずにもみ続けることで、柔らかく仕上がる

10 天気がよければ、2日ほどで干し上がる。写真はほとんど干し上がった状態のもの

たらのき［楤木］

特有の香りとほっくりとした歯ごたえはまさしく山菜の王者です

■ウコギ科
■別名――タラノメ、タラッペ、タラッポ、タランボウ

万人がうまいと太鼓判を押すのが、昔から山菜の王といわれるタラノメです。また、タラノメには油脂やたんぱく質が豊富に含まれており、栄養価が高いといわれています。近ごろ、コシアブラ（47ページ参照）のほうがおいしいという人もいますが、タラノメの人気は高く、温室で育てられたタラノメが春早々に都会の店頭に出回るほどです。

タラノキは北海道、本州、四国、九州、沖縄に分布し、平地から高山の日当たりのよい丘や原野に自生する落葉低木です。幹は直立し、まばらに分枝します。

東北地方の春山に入ると、2～3mに伸びたタラノキの先端の芽がなくなっていることがあります。これは、積雪時にちょうど雪の上で芽吹いたところを、ウサギなどに食べられた跡だそうです。

木全体にトゲが生えているので、採るときには革手袋が必需品です。

＊採取　4～6月に若芽を摘み取ります。5～

春に芽吹いたタラノキの若芽（タラノメ）。葉がやや開き始めたぐらいのものが風味が強くておいしい

15㎝ぐらいの太くてころっとしたものが良品とされますが、葉がやや伸びたくらいまでは採取可能です。若芽の根元を握って折り取ります。

採取するのは次に出てくる2番芽まで。3番芽以降は、採取すると枯れてしまうので、木を保護するために残します。

＊下ごしらえ 芽の基部についているはかまを取り除き、軽くゆでて水にさらします。塩漬けで保存できます。

＊食べ方 何といってもおいしいのが、生のまま調理する天ぷらです。特有の香りとほっこりした歯ごたえは最高です。下ゆでしたものは、ごま味噌あえ、くるみあえ、白あえ、煮つけ、卵とじなどにします。また、酒肴としては、焼き味噌といっしょに細かく刻んだ切りあえがおすすめです。

タラノメの天ぷら。みごとなタラノメを170℃の油でじっくりと揚げた天ぷら。そのおいしさは抜群で、自然の恵みに感謝していただくのみ

採取したタラノメ。はかまを取ってから調理する

❶

❷

❶ タラノメの切りあえご飯。ゆでたタラノメを焼き味噌といっしょに細かく刻んだ切りあえ、しょうゆ味で煮つけたシイタケ、油揚げをのせたご飯。タラノメのほろ苦さと焼き味噌の香ばしさに食がすすむ

❷ タラノメのくるみ酢あえ。くるみの香ばしさと酢のさっぱりした口当たりが、タラノメのほくほくした歯ごたえと絶妙に合う一品

トゲがあるので、革手袋をして採取する

どくだみ

［蕺草］

■ドクダミ科
■別名──ジュウヤク、ドクダメ、ドククダシ、トベラ
■生薬名──十薬（じゅうやく）

本州、四国、九州、沖縄に分布する多年草で、市街地の湿った庭から山地の日陰まで広範囲にわたって自生しています。

白い地下茎を密に伸ばして新芽を出し、30～50cmの高さになって、心臓形の葉をつけます。茎は生長すると黒紫色を帯び、葉は青みのある暗緑色で、しばしば暗紅紫色を帯びることがあります。6～7月に茎の先端に白色の四弁花をつけますが、白い花びらに見えるのは、葉が変形した総苞《そうほう》で、花は真ん中の黄色い部分で、小花が集まってできています。

じめじめした場所に育ち、特有の臭気を放つことから、庭では嫌われものになっていますが、最近は健康ブームにのって薬用効果が見直され、ドクダミを主にブレンドした「どくだみ茶」が市販され人気を呼んでいます。

＊採取　4～6月に若芽、若葉、根茎を採取します。

＊下ごしらえ　色、においともあまり好まれるものではないので、食用にするとなると躊躇《ちゅうちょ》されそうですが、ゆでて水にさらすと異臭の大部分は消えます。

＊食べ方　生のままの柔らかい葉を天ぷらにすると、ドクダミ臭が消え、無理なく食べられます。下ごしらえした根茎や葉は、酢味噌あえ、三杯酢にします。

＊薬用　6～7月の開花期に地上部を採取して日干しにしたのが、生薬の十薬《じゅうやく》です。十薬は1日量20gをコップ3杯の水で半量になるまで煎じ、これを食間に3回に分けて服用すると、利尿や便通がよくなり、高血圧症の予防に役立ちます。

にきび、湿疹には、生の葉のしぼり液を外用します。

❶ 葉を伸ばし始めた春のドクダミ。食用にはこのような若葉を採取する
❷ ドクダミの葉の天ぷら。天ぷらにするとドクダミ臭がなくなる
❸ 花をつけたドクダミ。薬用にはこの時期に採取する

ねまがりたけ

［根曲竹］

天然の淡い甘さと歯ごたえは、タケノコご飯や煮もの、味噌汁に最適です

イネ科

別名――チシマザサ、ガッサンダケ、ジダケ

チシマザサの根元から出ている若芽がネマガリタケ。採取は根元からもぎ取る

ネマガリタケとはチシマザサのタケノコのことで、北海道と本州の中部以北に布しています。山の林床などで地下茎を密に伸ばして群落をつくり、地下茎の先端からタケノコを出します。

チシマザサは2～3mの高さに伸びてびっしりと生え、分枝した枝先に長さ20cmぐらいの葉を2～5枚つけるので、採取は薄暗い竹《たけ》藪《やぶ》の中を這うようにして行います。夢中になって採取しているうちに方角がわからなくなったり、熊に出会う危険性もあります。地元では、熊だと思って腰を抜かすほど驚いたら、採取している別の人だったといった笑い話に事欠かないそうです。

タケノコ採りには、鈴やラジオを腰に下げるなど、熊よけの工夫もさることながら、地元の採取に詳しい人に同行してもらうようにしたいものです。この取材も、山菜採りのプ

チシマザサの葉

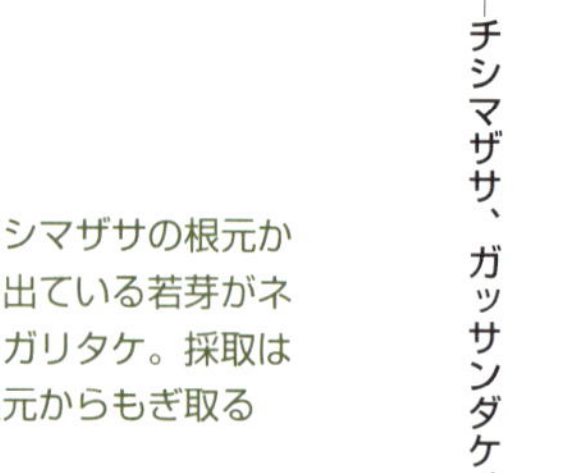

タケノコ汁と囲炉裏に埋めた焼きタケノコ。田舎の春は囲炉裏端に客を迎えて、タケノコ談議とタケノコ料理でおもてなし

口に案内してもらいました。車で沢まで行って、そこからは徒歩で沢を登り、傾斜40度ぐらいありそうな道なき雑木林を分け入った先に大群落がありました。30本くらいはあっという間に採取できましたが、素人でここで探すのは無理と思われる険しいところでした。

＊採取　5～6月に出る新芽をもぎ取ります。

＊下ごしらえ　新鮮なものは、生で使えます。たくさん採れたら、皮ごと米のとぎ汁でゆでて水にさらし、皮をむきます。下ごしらえしたものを塩漬けや瓶詰めにして保存します。

＊食べ方　タケノコの素朴な甘い風味をまるごと味わえるのが、皮をつけたままの姿焼きです。水煮などの保存品では味わえない、天然の新鮮な風味が堪能できます。そのほか、生のまま天ぷら、汁の実、煮もの、炊き込みご飯に。米のとぎ汁でゆでておひたし、ごまあえ、くるみあえ、白あえなど幅広く楽しめます。

炒めたタケノコとシイタケ、油揚げ、糸こんにゃくをしょうゆ味で煮て、炊き上がったご飯に混ぜてタケノコご飯に。香り、味、歯ごたえ、三拍子そろったおいしさ

ネマガリタケの天ぷら

ネマガリタケの皮はぎの仕方

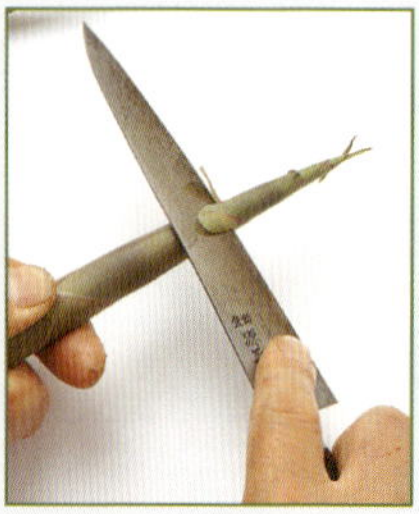

1 タケノコの先4～5cmのところに斜めに切り目を入れる

2 切り残した部分を持って、下に引っ張ってはぎ取る

3 はいだ口から残りの皮を開くようにして取り除く

おひたし。山の刺し身といわれるくらいおいしい。しゃきっとした歯触りと甘い香りが楽しめる

採取したネマガリタケ

はるじおん

［春紫苑］

■キク科
■別名——ハルジョオン、カンザシバナ、ビンボウグサ

市街地から郊外の荒れ地や道端、草原などの日当たりのよいところに生える、北アメリカ原産の多年草です。特に日当たりのよい草原では、黄色い花心をもつ白い花が一面に咲いていることがあります。

渡来したのは大正年間ですが、今では帰化植物として繁殖し、関東地方を中心に全国に広がっています。

冬はロゼット状で越し、春になると高さ30～60㎝の茎をもたげて、長楕円形の葉を互生します。4～7月に、分枝した先に白色または淡紅色の花をつけますが、つぼみのうちは茎ごとうつむいており、開花すると上を向くというおもしろい性質をもっています。

これに似た仲間にヒメジオンがあります。同じく北アメリカからの帰化植物で、よく似ていますが、茎の高さが60㎝～1mと大きく、ハルジオンの茎が中空なのに対してヒメジオンは中空にはならない、花期が6～10月とハルジオンより遅いといった違いがあります。ハルジオン同様に食用にできます。

＊採取　3～6月に若芽を採取します。

＊下ごしらえ　ゆでて水にさらします。

＊食べ方　生のまま天ぷらに用います。そのほか、おひたし、ごまあえ、煮ものなどにもできます。花はエディブルフラワーとしてサラダの彩りになります。

❶ 花をつけたハルジオン。つぼみのときはうつむいているが、開花すると上を向く
❷ ハルジオンの花
❸ 採取時期のハルジオン。茎が伸びて葉が開き始めたころのものを採取する
❹ くるみあえ。歯ごたえと、ほろ苦さがある

いたどり［虎杖］

油炒めや天ぷらは美味だからといって食べすぎないように注意します

■タデ科
■別名――スイカンボ、ドングイ、タジイ、サシガラ、ヤマウメ
■生薬名――虎杖根（こじょうこん）

子どものころ、河原などで遊んでいて、のどが渇くと、イタドリを折り取って皮をむき、酸っぱい味を楽しんだ経験をもつ人も多いのではないでしょうか。

イタドリは北海道、本州、四国、九州に分布する多年草です。人家に近い河原や荒れ地、野山などに自生しています。

早春に注意して観察すると、土の中から親指の先ぐらいの真っ赤な芽をもたげているのが見つけられます。茎は中空で、大きくなると1.5mにもなり、先のとがった卵形の葉を互生します。夏には白い小さな花を穂状につけます。雌雄異株で雄花、雌花が別々の株につきます。

酸っぱい味はしゅう酸によるものです。食べすぎると下痢《げり》をするので注意しましょう。

＊採取　3～5月に、伸び出して間もない若い芽を採取します。茎には紅紫色の斑点があります。

＊下ごしらえ　皮をむいてから、ゆでて、水にさ

採取したイタドリの若芽

❶イタドリの若芽。のどが渇いたときなどに、折り取ってかじると、さわやかな酸味で口を潤してくれる
❷イタドリの新芽。早春に赤い衣をまとって顔を現す
❸草丈は人間の背丈ほどに伸び、夏になると茎の上部に白い小花を穂状につける
❹若芽の天ぷら。天ぷらにすると酸っぱさが弱まる
❺若芽の酢味噌あえ。さっぱりとした口当たりでおいしい
❻塩漬けにしたもの。眠気が吹っ飛ぶほど酸っぱい
❼若芽の油炒め。柔らかくてぬめりがあり、ほどよい酸味が舌を洗ってくれる

らします。塩漬けで保存できます。

＊食べ方 下ごしらえしたものを酢のもの、煮びたし、油炒めにすると、歯ごたえのある惣《そう》菜《ざい》になります。酸っぱいままのものを塩漬けにすると、強烈な酸味で、目が覚めるような一品になります。

＊薬用 秋に根茎を掘り取り、水洗いして干したものが生薬の虎杖根《こじょうこん》です。1日量8gをコップ3杯の水で半量に煎じ、食間3回に分けて服用すると、便秘、月経不順に効果的といわれています。

イタドリの名は、擦り傷に若芽をもんで柔らかくしたものをつけると痛みがやわらぐ「疼取」（いたみとり）に由来するという説がありますが、成分からみて、この説は誤解ということになりそうです。

4

5

6

7

うど［独活］

春山の精気を含んだ香りを楽しむには、採りたてを生で食べるのがいちばん

■ウコギ科
■別名――ヤマウド、ケウド、ホンウド、ツチタラ
■生薬名――和独活（わどっかつ）

❶

栽培されたウドと異なり、天然のものはみずみずしさと強い香りに満ちて、おいしさも格別です。ウドの分布は、北海道、本州、四国、九州と広く、野原や山麓、谷間などの日当たりのよいところにしばしば群生しています。

採取は葉がようやく開き始めたくらいの若芽のころがよく、生えている場所によって違いますが、4～5月ごろが旬です。6月以降になると粗大化して食用には向きません。

ウドは、役に立たないもののたとえである「ウドの大木」などと形容されるように、大きくなると高さ2mになる多年草です。茎は中空で大まかに分枝し、卵形の小葉を二回羽状複葉につけます。夏に淡緑色の小花をたくさん集めて球状に咲かせ、秋には実が熟して、冬にはその大きな姿を消してしまいます。

＊採取　全体に毛に覆われた若芽を採取します。暖地では3月ぐらいから採取できますが、普通は4～5月が適期です。雪の多い地方では6月まで採取できます。

＊下ごしらえ　採りたてを生食するほか、ゆでてあえものにします。生のものを塩漬け、味噌漬けにして保存できます。

＊食べ方　香りを楽しむには生で食べるのがいちばんですが、ゆでてくるみ味噌あえにしたものは、香り、歯触り、味ともによく、山菜料理の絶品です。このほか、身欠きにしんとの煮つけ、三杯酢での酢のもの、汁の実、生のまま天ぷらにします。

＊薬用　秋に根茎を掘り取り、陰干しして半乾きのものをお湯につけて洗い、日干しにしたのが生薬の和独活《わどっかつ》です。かぜの初期に1日量10gを、細かく刻んでコップ3杯の水で半量になるまで煎じて、食間に3回に分けて服用すると、発汗、解熱に効果があるといわれています。茎葉は浴湯料にすると肩こりをやわらげます。

❶ ウドの食べごろは地上部が10〜30㎝ぐらいのものが柔らかく、いちばんおいしい
❷ 採りたてのウドに味噌をつけて食べる。野趣豊かな香りが口に広がる
❸ ウドの先端部分を天ぷらに。塩で食べるとウドの香りが引き立つ
❹ ウドの煮もの。肉質が柔らかくておいしい
❺ くるみ味噌あえ。ウドのみずみずしく素朴な味を、こくのあるくるみ味噌でくるんだ風味は山菜料理の傑作といわれている。味がよいだけでなく、山菜に不足しがちなたんぱく質や脂肪をくるみで補っているので、栄養価も高い

採取の仕方

春の若芽を採取しますが、草丈10〜30㎝ぐらいのものを選んで掘り取るようにします。地中にある皮の白いところが柔らかくておいしい部分なので、採取するときは根元を掘り、できるだけ白い部分が多くなるようにナイフなどで切り取ります。数本まとまって生えているところでは、全部採らず、2〜3本残しておくと来年も楽しめます。

ウドは地中の白い部分をナイフなどで切り取ります

しおで［牛尾菜］

山のアスパラガスといわれるおいしい山菜です

■ユリ科
■別名──ショデコ、ヒデコ、ショウデ、ソデコ

シオデは山のアスパラガスと形容されるおいしい山菜で、山形県では「山菜の王」、秋田県ではヒデコと呼んで、民謡の「ひでこ節」にも、この山菜を謡い上げているほどです。

北海道、本州、四国、九州に分布するつる性、雌雄異株の多年草です。葉は卵形か長卵形で、葉柄の基部から糸状の巻きひげを出してほかの植物などにからみついて生育します。7～8月ごろに花柄を出して先端に黄緑色の六弁花を散形花序につけ、花後に雌株は果実を結び、黒く熟します。

平地から山の野原や斜面など日がよく当たるところに自生していますが、まばらに生えるため、量を採るのが難しい山菜です。

似た仲間には、本州、四国、九州に分布するやや直立性のタチシオデ、九州に分布するホソバシオデがあり、どちらもシオデ同様に食用にできます。

＊採取　4～6月ごろに、葉が開く前の若芽を採取します。できるだけ茎の太いものがよく、茎の下のほうからしごくようにして折れるところで折り取ります。

地下茎で広がるので、1本見つけると線上に何本かのシオデが見つかります。全部採ってしまいたくなりますが、採取するのは太いもの1～2本にとどめ、あとは来年の楽しみに残しておきたいものです。

牛の尾に似ていることから、牛尾菜の名がついた

シオデのおひたし。こくのある風味と歯ごたえを味わうために、採取したら、えぐみが出ないようにその日のうちにゆでて、おひたしにして食べるのがいちばん

＊下ごしらえ　採取後に長く放置するとえぐみが出てくるので、できるだけ早く食べるようにします。下ごしらえは軽くゆでて、冷水にさっとさらす程度で十分です。

＊食べ方　風味を純粋に楽しむためには、おひたし、マヨネーズあえがいちばんです。そのほか、ごまあえ、ごま味噌あえ、くるみあえ、白あえなどのあえものがよく合います。

シオデの天ぷら。アスパラガスより味が濃いので、天ぷらにしてもおいしさは引き立つ

シオデの若芽。シオデはまばらに生えるので、探すのも大変。今回は山に入って3日目に、山菜採りのお婆さんに、あの辺にならあるのではないかと教えてもらい、杉の植林地を登った先に広がる草原でようやく見つけた（新潟県魚沼市大白川）

みずな［水菜］

■イラクサ科
■別名――ウワバミソウ、ミズ、ミズブキ、アカミズ、ホンミズ
※野菜の水菜とは異なります。

北海道、本州、四国、九州などの山地の湿った林床や沢の崖地、流れの畔などに生える多年草です。別名のウワバミソウは、いかにも蛇が好みそうなじめじめした半日陰の草深いところに生えるため。しかし、恐ろしそうな名に反して、その風味はみずみずしくてくせがなく、まろやかで歯ごたえもよいことから、多くの人にミズナとかミズと呼ばれて親しまれています。

雌雄異株で、根茎から高さ30～50㎝の茎を伸ばし、縁に粗い鋸歯《きょし》のある長楕円形の葉をつけます。茎の根元が赤いアカミズと全体が緑色のアオミズがあります。4～5月に葉のつけ根に淡黄色の小さな花をつけます。雌花には花柄がなく、雄花には花柄があるので区

❶ 庭の下草として植えられたミズナ
❷ 半日陰でじめじめしたところに生えるミズナ
❸ おひたし。しょうがじょうゆで食べる
❹ ミズナの天ぷら
❺ アカミズを刻んで加えた味噌風味の冷やし汁
❻ ぬめりとしゃきっとした歯ごたえのミズナのたたき。酢じょうゆ味でさっぱりと味わう

みずみずしくて
くせのない風味を、
たたきやおひたしにして
楽しみます

別できます。秋になると茎の節の部分にムカゴをつけ、晩秋に茎が倒れると、ムカゴから芽を出して繁殖します。

　似た仲間に、地方によってアオミズとも呼ぶヤマトキホコリがあります。ミズナ同様に食用にできます。

＊採取　5月から根つきで採取します。茎葉が柔らかいので、9月ごろまで採取可能です。

＊下ごしらえ　くせがないので、茎の皮をむいてゆでるだけで十分です。

＊食べ方　ゆでると透き通った緑色になります。おひたしのしょうがじょうゆあえ、からしあえのほか、煮びたし、三杯酢などに向きます。また、根元を細かく刻んで酢じょうゆで食べると、ミズナ独特の風味が楽しめます。根は細かい根を取り、すりこぎでつぶして、よくすりおろし、調味料と酢で味つけしてみずとろろにします。

＊薬用　5～8月に全草を採取し、よくたたいて汁をとります。この汁を切り傷や虫刺されに塗布すると止血を早めて、回復効果を高めます。

収穫したミズナ。下ごしらえは皮をむいて、軽くゆでるだけで十分

みやまいらくさ［深山刺草］

■イラクサ科
■別名――アイコ、アエコ、アイタケ、イラグサ、エラ、エゴキ

❶

❷

トゲのある姿からは想像できないおいしさ。「アイコ」の名で親しまれています

名前に深山とついていることからもわかるように、自生の中心地域は800mぐらいの高山です。また、イラクサの名が示すように茎や葉裏には鋭いトゲが生えていて、素手でつかむと、突然の痛がゆさに思わず手を引っ込めるほどです。ところが、山菜としてはくせがなく、だれでもおいしく食べられることから、東北地方ではアイコの愛称で呼ばれ、親しまれています。

北海道、本州、四国、九州に分布しますが、北になるほど低山にも自生し、渓流沿いや腐葉土が堆積した林床などに群生します。大きくなると高さ80㎝～1mになり、縁に鋸歯《きょし》をもつ葉を互生し、夏に茎の頂部と葉のつけ根に白色（雄花）と緑色（雌花）の花をつけます。トゲが刺さると痛がゆいのは、アリと同じ毒の蟻酸《ぎさん》を含むためです。

似た仲間に、ムカゴイラクサ、コバノイラクサ、イラクサがありますが、これらは食用には向きません。

＊採取 5～6月に若芽を採取します。軍手や作業用の革手袋をして茎を握り、根元からナイフで切り取ります。

＊下ごしらえ 葉を取り除いて茎だけにして、たっぷりの湯でゆでて水にさらします。塩漬

③

けにして保存できます。

＊食べ方 おひたしのほか、白あえ、くるみあえに向きます。そのほか、煮びたし、炒め煮、汁の実などに幅広く利用できます。

④

❶沢の近くの腐葉土が堆積したところに生えるミヤマイラクサ。茎や葉裏にトゲが生えているので、採取には革手袋が必要
❷採取したミヤマイラクサ
❸ミヤマイラクサの白あえ。ぬめりのある淡泊な味が白あえによく合う
❹おひたし。ほろ苦みとしゃっきりした歯触りが味わえる

もみじがさ［紅葉傘］

■キク科
■別名――シドケ、シドキ、シドキナ、キノシタ、トウキチロウ

北海道、本州、四国、九州の高山から低山に分布し、湿りけのある林床や川岸、原野、山麓などに自生する多年草です。

葉が開く前は、閉じた傘のような形をし、葉が開くとモミジ葉の形に似ていることからこの名がついたといわれています。東北地方では、シドケ、シドキ、中部地方ではキノシタ、トウキチロウと呼んで若芽を採取し、野菜にはない野趣に富んだ独特の香りとほろ苦さを楽しんでいます。

大きくなると暗紫色を帯びた直立した茎は60～80㎝になり、大きなモミジ葉のような葉が互生します。夏から秋に茎の頂部に白色の花を円錐花序につけます。

似た仲間にヤブレガサ（85ページ参照）があります。若芽のころは見分けがつかないくらい似ていますが、葉の表面に綿毛がついているのがヤブレガサ、つやつやしているのがモミジガサです。ヤブレガサもモミジガサ同様に食用にできますが、味は劣ります。関東地方以西と四国、九州にひとまわり小さいテバコモミジガサがあります。また、三角形の葉をつけるコウモリソウやヨブスマソウがあり、いずれも若い茎と葉は食用にできます。

＊採取　5～6月に若芽を根際から摘み取ります。

＊下ごしらえ　ゆでて水にさらします。ゆでると茎の暗紫色は消えて、美しい緑色になります。大量に採取したら、塩漬けで保存します。

＊食べ方　ほろ苦さとさくっとした歯ごたえを楽しむには、生のまま天ぷらにするのがいちばんです。形くずれしない程度に軽くゆでて水にさらしたものは、おひたし、ごまあえ、煮つけ、煮びたし、炒め煮、汁の実にします。

❶ モミジガサの若芽。このくらいの時期に採取するとよい
❷ 味噌炒め。山菜独特のほろ苦さと味噌味がほどよく調和した一品
❸ おひたし。しゃりっとした歯触りと、にじみ出るほろ苦さが、山の清澄な味わいを伝えてくれる
❹ モミジガサの天ぷら。さくっとした歯触りとほろ苦さが味わえる

天ぷらやおひたしにして、
野菜にはないほろ苦さと
歯ごたえを楽しみます

採取したモミジガサ。ゆでると茎の暗紫色は消えて、きれいな緑色になる

さんしょう［山椒］

■ミカン科
■別名――ヤマサンショウ、ハジカミ
■生薬名――山椒(さんしょう)

ポピュラーな山菜のひとつです。北海道、本州、四国、九州の山野に広く自生する雌雄異株の落葉低木で、樹高は3mぐらいになります。枝にはトゲがあります。小葉は長楕円形または卵形で5～8対つき、4～5月に枝先に黄緑色の小花を咲かせます。花後、雌株は果実を結び、9月ごろに赤熟します。

葉や果実にはジペンテン、シトロネラール、サンショールなどの精油を含んでいるので、生の葉をもむとよい香りがし、口に含むと辛みがあります。このため昔から料理の薬味や生薬として利用されてきました。

栽培も比較的簡単で、庭に植えておくと重宝します。

似た仲間には、トゲのないヤマアサクラサンショウ、サンショウのトゲが対生なのに対して互生しているイヌザンショウがあります。ヤマアサクラサンショウはサンショウ同様に食用にできますが、イヌザンショウは香りがよくないので食べません。

＊採取 4～5月に若芽や花穂を、5～6月に若い果実を採取します。

＊下ごしらえ 必要ありません。水洗いする程度でよいでしょう。

＊食べ方 若芽の佃煮は珍味です。また、すりつぶして味噌と混ぜたサンショウ味噌は、豆腐やサトイモの田楽に欠かせませんし、鮎のサンショウ味噌焼きも優れた一品です。若い果実は昆布などといっしょにしょうゆ味で煮つけるとおいしい佃煮になります。

＊薬用 8月下旬ごろに、黄ばんできた果実を採取します。これを陰干しにして果皮のみを集めたものが、生薬の山椒《さんしょう》で、漢方薬の材料になります。民間では、胃痛のときに山椒の粉末を小さじ半分ほど飲むと効果的といわれています。

香りのよい若芽と果実の佃煮は、食通をもうならせる珍味

採集適期のサンショウの若葉と花

サンショウの若葉と六浄豆腐の吸いもの

サンショウの佃煮。酒肴、箸休めに好適

鮎のサンショウ味噌焼き。サンショウをすりつぶして味噌、砂糖を混ぜ、酒でのばして鮎につけて焼く

またたび

［木天蓼］

①

②

③

■サルナシ科
■別名――ナツウメ、ワタタビ、ネコナブリ、カタジロ
■生薬名――木天蓼(もくてんりょう)

④

果実を食べると元気が出るといわれる山の民間薬です

旅に疲れた弘法大師が、この果実を食べて元気を回復し、また旅を続けたことからマタタビの名がついたといわれるなど、果実に強壮効果が期待されていますが、これはあくまで俗説で、それほどの効果は医学的に認められないようです。それでも、果実を漬け込んだマタタビ酒は、血行をよくし、冷え性やリウマチに効果があるといわれ、愛飲している人も多くいます。

北海道、本州、四国、九州に広く分布します。山地などに多く自生するつる性の落葉樹で、分枝したつるで周囲の木などにからみつきながら伸びます。

雪の多い東北地方では、5月ごろ産毛の生えた新葉が互生します。6～7月の開花期になると、枝の上部にある葉の一部または全面が白に変色するので、遠くからでも見分けられます。花は白い五弁花でうつむきかげんに咲き、花後に長さ2～3㎝の果実を結び、秋に黄色く熟すと生食できます。

＊採取　春に出た若芽、若いつるを採取するほか、秋には熟した果実を収穫します。

＊下ごしらえ　若葉とつるは塩ゆでにして水にさらします。

＊食べ方　若葉やつるはおひたしやあえもの、炒めものにします。また、熟す前の果実を採取して塩漬けしたものは酒の肴に、そのほか、砂糖漬け、はちみつ漬けなどにもできます。秋に熟した果実は甘く、生食できます。

＊薬用　10月ごろ虫こぶのある果実を採取し、熱湯につけて殺虫し、日干しにしたものが生薬の木天蓼《もくてんりょう》です。200gをアルコール35度の焼酎1.8ℓに漬け、半年間ねかせたものを、冷え性、神経痛、リウマチなどの改善に、毎晩、就寝前に杯1杯飲みます。また、茎葉を日干しにして刻んだものを、2～3握り布袋に入れて浴湯料にすると、神経痛をやわらげます。

⑤

⑥

❶ マタタビは初夏に白い五弁花をうつむきかげんに咲かせる
❷ マタタビの若い果実。塩漬けのほか、はちみつに漬けたり、薬酒に利用する
❸ 開花時期になると、葉の全面または一部が白く変わるおもしろい性質がある
❹ マタタビの若葉。このぐらいが山菜として採取する適期
❺ マタタビの若葉の天ぷら
❻ 若葉のおひたし。ほろ苦さがあってさわやかな風味

わさび

［山葵］

■アブラナ科
■別名――ワサビナ、ヤマワサビ、サワワサビ
■生薬名――山愈菜（さんゆさい）

日本の代表的な香辛植物で、刺し身に欠かせません。香辛料というと香りと辛みだけのように思えますが、ワサビは不思議なもので、ツンとした鼻にくる辛みのあとに残る甘さが何とも魅力的で、よいワサビに出合うと刺し身が一段とおいしくなります。

静岡県や長野県で盛んに栽培されており、山菜というよりは、ワサビ田で栽培される栽培品というイメージが強いのですが、ワサビはれっきとした山菜のひとつです。しかも天然のほうが格段に香りがよいといわれるので、ぜひ、天然のワサビを手に入れてみたいものです。

ワサビは、北海道、本州、四国、九州に広く分布する多年草で、山地の渓流の浅瀬や渓流沿いに自生します。やや湿ったところに生

湿っている山中に生えているハタワサビ

ワサビの粕漬け

ワサビの葉の天ぷら

こんにゃくの刺し身にもワサビがよく合う

山中の沢を利用して栽培したワサビ。花の咲いているころが採取時期

日本の代表的な香辛植物。茎葉は湯通しして、おひたしや粕漬けに

えるハタワサビと呼ばれるものもありますが、もとは同じものです。

地下に太い根茎をもち、15～20㎝の葉柄の先に葉をつけます。葉は光沢のある心臓形で、縁に浅い鋸歯《きょし》があります。春に長い花茎を伸ばして、白い十字状の小花をつけます。

＊採取 花の咲くころが採取の適期です。葉、茎、根茎など全草を採取します。葉だけなら秋口まで採取可能です。

＊下ごしらえ あくはないので、葉や茎はさっと湯通しして冷水にさらします。根茎は水洗いして細根を取り除きます。

＊食べ方 下ごしらえした葉や茎はそのままおひたし、あえもの、粕漬けにします。根茎はすりおろして香辛料とします。ワサビの香りと辛みは細胞が壊れたときに効果が発揮されるので、できるだけ細胞をすりつぶすように、目が細かく詰んだおろし金やサメ皮を張ったおろし金を用いると風味が増します。

＊薬用 根茎などの辛み成分には、食欲増進、健胃効果があります。民間薬としては、リウマチや神経痛の痛みに、すりおろした根茎をガーゼで包んで、1回約20分患部に当てると、一時的に痛みがやわらぐといいます。

ぎょうじゃにんにく

［行者大蒜］

■ユリ科
■別名――アイヌネギ、ヤマビル、キトビル、ウシビル

本州の近畿以北から北海道にかけて分布する多年草です。北海道では平地に生えますが、本州では１０００ｍ以上の高山に生えます。

行者が荒行の合い間にこれを食べて体力を保持したことから、この名がついたといわれています。実際、ニンニク同様にアリインが含まれており、滋養強壮に有効です。

葉は柔らかい質の長楕円形または楕円形で、20㎝ほどの葉柄に１～２枚の葉をつけます。葉の形は毒草のスズラン（121ページ参照）に似ていますが、ギョウジャニンニクは葉の基部が赤茶色の繊維状のもので巻かれているので、区別することができます。

6～7月ごろ、長く伸びた花茎の先に、白

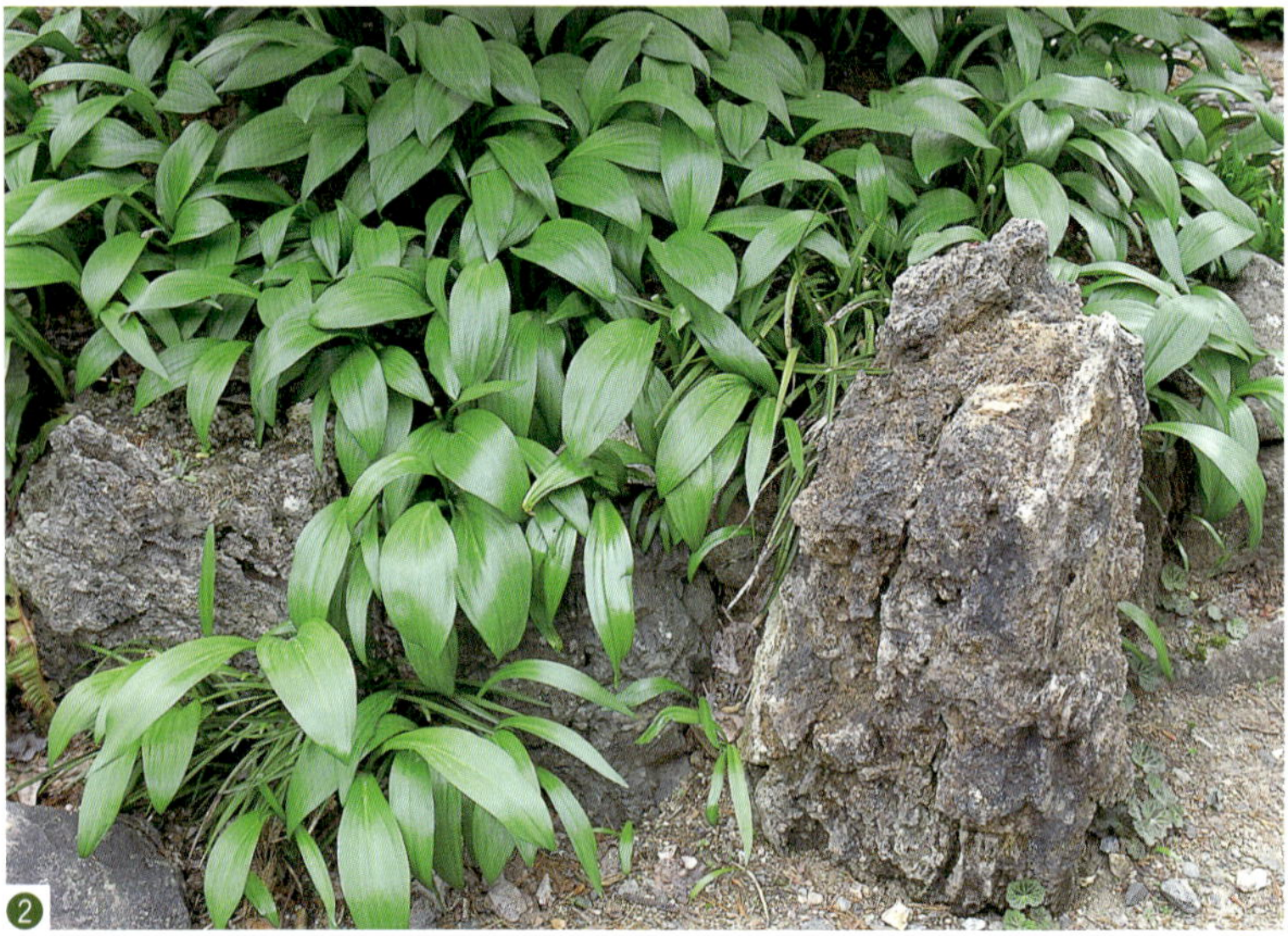

❶ ギョウジャニンニクの花
❷ 庭に植えられたギョウジャニンニク
❸ ギョウジャニンニクの酢じょうゆあえ
❹ 味噌をつけて生食してもよい

色で小さな六弁花を多数つけた、ネギボウズのような花を咲かせます。

＊採取　群生する性質があるので採取しやすいのですが、繁殖力が弱いので、採取する場合は鱗茎を残して地上部のみを切り取るようにします。適期は4月で、葉が完全に開く前の若芽を採ります。この時期は毒草のスズランと姿が似ているので、注意が必要です。

＊下ごしらえ　生で食べるほか、軽くゆでて水にさらします。塩漬けで保存できます。

＊食べ方　若葉は下ごしらえしておひたしや煮びたし、からしあえに。また、生の葉を天ぷらや油炒めにします。

おやまぼくち［雄山火口］

■キク科
■別名——ヤマゴボウ、ウラジロ

オヤマボクチの花。ドライフラワーにもなる

北海道、本州の中部以北、四国に分布する多年草です。4月ごろに、山地の日当たりのよい草原に自生します。葉は三角形に近い卵形ですが、生長すると楕円形になり、葉裏に白い綿毛が密生します。草丈は1mを超え、秋に分枝した枝の先に、暗紫色のアザミに似た花を横向きにつけます。

似た仲間に、本州の中部以西から九州に分布する小型のヤマボクチ、東北南部以西に分布する大型のハバヤマボクチがあり、両方とも食用にできます。

＊採取　4月に若葉を採取します。

＊下ごしらえ　生で用いるほか、ゆでて水にさらします。

＊食べ方　おひたし、あえもののほか、生でサラダやバター炒め、天ぷらにします。

4月ごろ、このくらいの状態のときが採取適期。ゆでて水にさらし、おひたしやあえものに

うこぎ

［五加］

■ウコギ科
■別名――ヒメウコギ、オコギ、メコギ
■生薬名――五加皮(ごかひ)

ヒメウコギの花

ウコギめし。あつあつのご飯をほおばると、若芽の新鮮な香りが口に広がる

採取時期のウコギの若葉

中国原産の落葉低木です。古くに薬用として渡来したものが全国に広まり、現在では北海道から九州にかけての山野に生えているほか、民家の生垣などにも用いられています。

枝にはトゲがあり、灰白色で細かく分枝しながら高さ2mぐらいになります。葉は濃い緑色で、5枚の長楕円形の小葉からなる掌状複葉。6~7月ごろに長い花茎を伸ばして5弁の黄緑色の小花をたくさん集めて球状に咲き、花後に実が黒熟します。

似た仲間に、ヤマウコギ、ケヤマウコギ、オカウコギ、エゾウコギがあります。種類によってくせがありますが、ウコギ同様に食用になります。

＊採取 4~6月に若芽を摘み取ります。

＊下ごしらえ お湯に塩を入れてゆでます。塩漬けにして保存できます。

＊食べ方 淡い苦みと香りを楽しむには、ウコギめしがおすすめです。そのほか、おひたし、ごまあえ、くるみあえ、煮びたし、天ぷらにします。

＊薬用 11~12月に根の皮を採取します。これを日干しにしたのが、生薬の五加皮《ごかひ》で、滋養強壮に用いられます。干した根皮100gを焼酎1.8ℓに漬けて半年ほどねかせたものを、就寝前に杯1杯ほど飲むと、冷え性や不眠症によく、滋養強壮に役立ちます。

いわたばこ

［岩煙草］

■イワタバコ科
■別名――イワヂシャ、タキヂシャ、ヤマタバコ、イワナ
■生薬名――苦苣苔(くきょたい)

湿った崖に生えているイワタバコ

滝の付近の岩など、日陰の湿った岩肌に生える多年草で、葉の形がタバコの葉に似ていることからこの名がつきました。

本州、四国、九州に分布しています。葉の先はとがった楕円形で、縁には細かい鋸歯《きょし》があります。夏には花茎を伸ばして紫色の花をつけます。花が美しいことから、山野草としても親しまれています。

＊採取　4～5月に若葉を摘み取ります。

＊下ごしらえ　軽くゆでて水にさらします。塩漬けで保存できます。

＊食べ方　生で天ぷらにするほか、おひたし、ごまあえ、マヨネーズあえ、酢のもの、煮びたしにします。

＊薬用　8～9月に葉を採取し、日干しにしたのが生薬の苦苣苔《くきょたい》です。しかし、中国にはこの植物はないので、和製の生薬といえます。健胃には、1日量5gをコップ3杯の水で半量になるまで煎じたものを、食間に3回に分けて服用します。

天ぷら。さくっとした歯触りの後に、さわやかな苦みが口に広がる

りゅうきんか［立金花］

■キンポウゲ科
■別名――ヤチブキ、コガネバナ、フユナ

リュウキンカの茎葉の油炒め。下ごしらえしたものを、薄い塩味をつけて炒める

本州と九州に分布するリュウキンカと、北海道、本州北部に分布するエゾノリュウキンカがあり、どちらも食用にできます。いずれも多年草で、川の岸辺や山間の渓流沿いなどの湿地を好み、日当たりのよいところによく生えます。

茎を直立してその先端に黄金色の花を咲かせることから立金花の名がつきました。

リュウキンカは草丈が20～60㎝で、葉幅3～9㎝の腎臓形の葉をつけ、5～7月に花茎を伸ばして、花径2～3㎝の黄金色の花を2輪咲かせます。

エゾノリュウキンカは、高さが50～80㎝と大型になり、幅20～30㎝もある腎臓形の大きな葉をつけ、7～8月に茎の先端に黄金色の五弁花を6～8輪咲かせます。

花が美しいことから、庭につくった流れの畔に植栽されることもあります。水が流れていれば栽培は容易です。

＊**採取**　5～6月ごろに開花前の茎葉を採取します。根とある程度の葉を残すようにして、手で地上部を摘み取ります。特にリュウキンカの自生地は減少しているので、採取は大型のエゾノリュウキンカにしたいものです。

＊**下ごしらえ**　よくゆでて水にさらします。噛んでみて苦みが強いようなら、一晩流水にさらします。塩漬けで保存できます。

＊**食べ方**　おひたし、ごまあえ、くるみあえ、からしあえ、煮びたし、炒め煮、汁の実に向きます。

からし味噌あえ。しゃりしゃりした歯ごたえ、ツーンと鼻に抜ける辛さが心地よい

つわぶき

［槖吾］

■キク科
■別名――ツワ、ヤマブキ、ツワンボ
■生薬名――槖吾(たくご)

ツワブキの茎を甘辛く
煮つけたきゃらぶき

秋から冬にかけて、黄色のキク状花をつける。
つぼみや花はゆでて水にさらし、三杯酢にする

フキ(6ページ参照)によく似た形で、つやのある葉をもつ常緑の多年草です。昔から食用のほか、はれものや軽いやけどなどの民間薬として利用されてきました。

自生地は雪の少ない福島県以西と、日本海側の石川県以西の海岸地帯です。4月ごろに古い葉の間から新芽を伸ばして更新し、10月ごろに40～70㎝の花茎を出して黄色いキク状の花を咲かせます。

＊**採取**　春に若い葉柄を、秋に花とつぼみを採取します。

＊**下ごしらえ**　ゆでて皮をむき、花やつぼみは軽くゆでて水にさらします。

＊**食べ方**　フキ同様に煮つけや天ぷらにします。花とつぼみは天ぷら、三杯酢にします。

＊**薬用**　夏に茎葉を採って干したのが槖吾《たくご》で、健胃に1日量10gをコップ2杯の水で半量に煎じ、食間に服用します。

ツワブキの葉は民間薬として、あぶった葉をはれものや軽いやけど、靴ずれなどの患部に貼って、回復を早める

れんげそう

［蓮華草］

■マメ科
■別名――ゲンゲ、ゲンゲソウ、ノエンドウ、ホウゾウバナ

古くに中国から渡ってきた越年草で、日本各地の水田地帯などで野生化したものが見られます。レンゲソウの根に根粒《こんりゅう》をつくる根粒菌は、空中の窒素を固定することから、水田などの緑肥として広く利用されてきました。化学肥料の普及とともに、一時はほとんど利用されなくなりましたが、このところ有機栽培の普及とともに、再びその価値が見直され、イネを収穫した後の水田に、この種子をまいて栽培するところが増えてきました。

茎は分枝しながら地面を這って伸び、高さ10～25㎝になります。葉は4～5対の小葉からなる奇数羽状複葉で、4～5月ごろに花柄を伸ばして紅紫色の花を輪状につけます。花色はまれに白色もあります。

＊採取　4～5月に若芽と花を摘み取ります。

＊下ごしらえ　若芽、花ともにゆでて水にさらします。

＊食べ方　若芽はマヨネーズあえ、ごまあえ、煮びたし、バター炒めに。花は三杯酢などにして彩りを楽しみます。

＊薬用　開花期に地上部を採取して日干しにします。解熱や利尿に、1日量10gをコップ3杯の水で半量になるまで煎じたものを分けて服用します。また、生の葉のしぼり汁を、軽いやけどに外用すると回復を早める効果もあります。

❶ かわいい蝶形の花を集めて咲く、レンゲソウの花
❷ 春の水田を紅紫色の花で彩るレンゲソウ
❸ 花はさっとゆでて水にさらし、三杯酢にすると、花色も美しく仕上がる
❹ 若芽のおひたし。くせがなくさっぱりとしておいしい

やぶれがさ

［破傘］

■キク科
■別名――ヤブレッパ、ウサギノカサ

❶

❷

❶ ヤブレガサの若芽と鶏肉の炒めもの。ホウレンソウに似た口当たりで、炒めものにもよく合う
❷ 若芽の天ぷら。苦みが薄れておいしい
❸ 林床に生えるヤブレガサ。群生しているので、比較的採取しやすい

❸

本州、四国、九州に分布する多年草で、山地の林床などに多く自生しています。春に出た若芽は白い綿毛に覆われ、破れた傘を閉じたような形をしていることから、破れ傘の和名がついています。若芽のころの風情ある姿が好まれて、山野草の寄せ植え材料などに利用されます。

生長すると草丈1m前後になり、葉も40㎝と大きくなり、掌状に深く切れ込んで7～9つに分かれます。夏に長い花茎を伸ばして、やや紅色を帯びた白色の小花を円錐状につけます。

似た仲間にモミジガサ(70ページ参照)があり、ともに食用にできます。

＊採取 4～5月に若芽を地際から折り取って採取します。葉が開ききる前なら30㎝ぐらいに伸びたものまで採取可能ですが、大きくなると苦みが増すので、できるだけ若芽を採るようにします。

＊下ごしらえ さっとゆでて水にさらします。大量に採れたときには、塩漬けにして保存できます。

＊食べ方 生のまま天ぷらにすると苦みが薄れ、無理なく食べられます。下ごしらえしたものは、からしあえ、ごまあえ、油炒めなどにします。ゆでたり、炒めるときには、くずれてべたつかないように、手早く調理します。

やまぶきしょうま［山吹升麻］

■バラ科
■別名——イワダラ、クサダラ、ジョンナ、ジュウナ、アイコダラ

歯触りのよいおいしい山菜として東北地方で好んで食べられています。分布は北海道から九州までと広範囲で、山地のやや湿りけのある林床や丘陵、谷間などに自生しています。

ヤマブキショウマは大型になる雌雄異株の多年草で、生長すると茎は1m以上になり、深い切れ込みがあり、粗い鋸歯《きょし》のある複葉をつけます。初夏から夏に白い小花をたくさん集めて咲かせ、雌株は秋に楕円形の果実を結びます。

似た仲間に北海道に生えるチシマヤマブキショウマ、アポイヤマブキショウマ、岩手県の早池峰《はやちね》山に自生するミヤマヤマブキショウマなどがありますが、これらはいずれも貴重種で、採取は厳禁です。

＊採取　4～5月に若芽を、柔らかい部分から折り取るようにします。

＊下ごしらえ　歯触りのよさが身上なので、さっとゆでて水にさらします。塩漬けで保存できます。

＊食べ方　生のままころもをつけて低めの油温で揚げた天ぷらは、香り、味、歯ごたえともに抜群のおいしさです。下ごしらえしたものは、おひたし、あえもの、煮びたし、煮つけ、汁の実、バター炒めなどに幅広く利用できます。

❶❷ 沢沿いの湿った腐植質のところに生えたヤマブキショウマ。採取時はトリアシショウマと似ているが、どちらもおいしく食べられる。毛が生えていないほうがヤマブキショウマ
❸ ヤマブキショウマの天ぷら

いかりそう［碇草］

淡紫色の花をつけたイカリソウ

■メギ科 ■別名――サンシクヨウソウ、オトコトリアシ、カンザシグサ ■生薬名――淫羊藿(いんようかく)

碇《いかり》の形に似た美しい花を咲かせるイカリソウは、山野草として親しまれていますが、古くから若葉や花を食用とする一方、強壮効果のある薬草として広く用いられてきました。

本州と四国に分布する多年草で、平地や低い山林の林床に自生しています。太い地下茎で殖え、春に芽を出して卵形の小葉からなる複葉をつけ、4～5月に紅紫色や白色、黄色の花を下向きに咲かせます。

＊採取　3～5月に開く前の若葉を、4～5月に花を採取します。

＊下ごしらえ　若葉は採取したら、その日のうちにゆでて水にさらします。

＊食べ方　からしあえ、油炒めのほか、生のまま天ぷらにします。花はさっとゆでて酢のものにします。

＊薬用　5～6月に地上部を刈り取り、水洗いして陰干しします。これが淫羊藿《いんようかく》です。これを主材料として漢方の処方で作られたのが、仙霊《せんれい》脾酒《ひしゅ》と呼ばれる薬酒で、就寝前に少量を服用すると、強壮に効果があるといわれています。

うつぼぐさ［靫草］

花穂が、昔の武具のひとつで矢を入れる靫《うつぼ》の形に似ていることからこの名がつきました。食用というよりは、薬草として有名な植物です。

北海道、本州、四国、九州に分布する多年草です。野原や里山の畑地、道端などの日なたに自生しています。

4月ごろから稜のある茎を這うように伸ばしてから立ち上がり、5～6月に草丈30㎝前後になり、茎の先に花穂をつけます。

■シソ科 ■別名――カコソウ、カコクサ、チドメクサ、ジビョウクサ ■生薬名――夏枯草(かこそう)

＊採取　4月に若芽、若葉を摘み取るように採取します。

＊下ごしらえ　塩ゆでにして水にさらします。

＊食べ方　あえもののほか、煮びたしに。花は生のままサラダなどの飾りにします。

＊薬用　花穂がうがい薬になります。褐色になる7月ごろに花穂を採取して日干しにし、1日量5gをコップ3杯の水で半量に煎じ、口内炎や扁桃腺炎に、この液で適宜うがいをします。

❶唇形の花を密集して咲かせるウツボグサ。薬用には咲き終えて褐色になった花穂を用いる
❷食用に適した若葉

おけら［朮］

■キク科 ■別名――ウケラ、ウワオロシ、カイブシ、オケラッパ、エヤミグサ ■生薬――白朮(びゃくじゅつ)

オケラ

昔から広く親しまれてきた山菜のひとつで、「山でうまいはオケラにトトキ(ツリガネニンジンの地方名)」とうたわれるほどの、あくもくせもないおいしさを誇っています。

オケラは本州、四国、九州に分布する多年草で、平地から低山の日当たりのよい草地や原野に自生しています。

根茎は木質で堅く、春になると芽を出し、つやのある葉を広げます。生長すると茎は40cm～1mになり、秋に枝先に白または淡紅色の花をつけます。

似た仲間に、ホソバオケラ、オオバナオケラがあり、同様に利用できます。

＊**採取** 春に若芽を摘み取ります。

＊**下ごしらえ** 軽くゆでて水にさらす程度で十分です。塩漬けで保存できます。

＊**食べ方** おひたし、ごまあえ、くるみあえ、酢のもの、白あえ、からしあえ、汁の実、煮もの、天ぷらなどに幅広く利用できます。

＊**薬用** 秋に根茎を掘り取り、洗って陰干ししたものが生薬の白朮《びゃくじゅつ》です。1日量5gをコップ2杯の水で半量に煎じ、3回に分けて食前に服用すると、健胃、整腸に効果的です。

えぞえんごさく［蝦夷延胡索］

■ケシ科 ■別名――カチカチバナ、ミツバナ、ミツスイバナ

東北地方の春山を歩いていると木漏れ日が入る林床で、青紫色の可憐な花をつけたエゾエンゴサクに出会い、心和む経験をすることがあります。

エゾエンゴサクは東北地方北部から北海道に分布する多年草です。地下に塊茎があって群生し、15～20cmの高さになって、小葉が3枚1組になった複葉をつけ、春から初夏に茎の上部に長い距《きょ》をもつ2cmほどの花を多数咲かせます。

山登りの途中で、地を這うようにして美しい花を咲かせるエゾエンゴサクに出会うと、つい足を止めて見とれてしまう

美しい花を精一杯咲かせている様子を見ると、これを摘み取って食べようとは思えなくなります。採取するときは、せいぜい箸休め程度の分量にとどめたいものです。

＊**採取** 春から初夏に茎葉を摘み取ります。

＊**下ごしらえ** さっとゆでて水にさらします。

＊**食べ方** あくが少なく、くせもありません。おひたし、ごまあえ、マヨネーズあえのほか、酢のものに向きます。

かきどおし［垣通］

■シソ科 ■別名──カントリソウ
■生薬名──連銭草（れんせんそう）

❶ 茎は直立したあとに這い始め、約1mの長さになる。丈夫で垣根を突き通すことから垣通しの名で呼ばれる
❷ 刻むとややタイムに似た芳香があるので、スパゲティの薬味に

垣根を突き抜けて広がるほど強い多年草です。北海道から九州に分布し、野原や道端などに自生しています。

繁殖力が旺盛で、庭に生えると厄介者ですが、葉茎にはハーブのタイムに似た芳香があります。

茎は稜のある四角形で、ほぼ円形で縁に浅い鋸歯《きょし》のある葉を対生し、4～5月に淡紫色の唇形花を咲かせます。

＊**採取**　開花前後の時期に、若い茎葉、花を摘み取ります。

＊**下ごしらえ**　塩をひとつまみ入れて熱湯でゆでて、水にさらします。

＊**食べ方**　からしじょうゆのあえもの、生で茎ごと天ぷらにするほか、細かく刻んでスパゲティの薬味にしても風味豊かです。

＊**薬用**　花期に茎葉を刈り取って陰干ししたものが、生薬の連銭草《れんせんそう》です。別名のカントリソウ（疳取草《かんとりそう》）は民間薬で子どものかんを取り除くということでつけられたもの。かん取りには、1日量、連銭草10gをコップ3杯分の水で半量に煎じ、食間に3回に分けて服用します。また、煎液は湿疹にも有効です。

くこ［枸杞］

■ナス科 ■別名──スミグスリ、カラスナンバン、キホオズキ
■生薬名──枸杞子（くこし）、枸杞葉（くこよう）、地骨皮（じこっぴ）

滋養強壮などに昔から用いられてきた有名な薬用植物です。本州、四国、九州に分布する落葉低木で、河原や土手など湿り気のあるところを好んで生えます。高さ1.5～2mぐらいになり、分枝した枝は柔らかで、しなって垂れ下がります。夏から秋にかけて淡紫色の五弁花をつけ、花後に楕円形の果実をつけて赤熟します。

＊**採取**　春から初夏に、若芽や若葉を採取します。

＊**下ごしらえ**　軽くゆでて水にさらします。塩漬けで保存できます。

＊**食べ方**　くせがないので、おひたし、あえもの、煮もの、炒めもの、クコめし、天ぷらなどに利用できます。

＊**薬用**　果実を乾燥させたものが枸杞子《くこし》で、これを漬け込んだクコ酒は、滋養強壮、低血圧症、不眠症に効果的。また、根の皮を干したものが地骨皮《じこっぴ》で、強壮、消炎、解熱に効果があります。

❶ 日干しにしたクコの葉が枸杞葉。お茶の代わりに飲むとよい
❷ クコの実

くず［葛］

■マメ科 ■別名――ウマノボタモチ、ウマノオコワ、カンネ、カンネカズラ
■生薬名――葛根(かっこん)

丈夫なつるを伸ばしてからみつき、勢力を広げる多年草です。北海道、本州、四国、九州、沖縄に分布し、雑木林、野原、道路脇の藪《やぶ》、空き地など、どんなところでも生え広がるので、植林地では嫌われものになっています。

＊採取　春から初夏の若芽や若葉を採取します。

＊下ごしらえ　ゆでて水にさらします。若芽は毛を取ると食べやすくなります。

＊食べ方　あえもの、炒めもの、また、生のまま天ぷらにします。花はよくゆでて水にさらし三杯酢にします。

＊薬用　秋に根茎を掘り取り、日干しにしたのが葛根です。かぜ薬の葛根湯の主剤になります。根を水にさらしてでんぷんを取り出したくず粉を熱湯で溶いたくず湯には、発汗作用があり、解熱に有効です。

❶ クズの新芽。春から初夏に次々に出てくるのを折り取って利用する
❷ クズの花。蝶形の花が下方から咲き上がる

とりあししょうま［鳥足升麻］

■ユキノシタ科 ■別名――トリアシ、トリノアシ、サンボンアシ

❶ 腐葉土が堆積した湿りけのあるところに生えるトリアシショウマ
❷ 天ぷら。かりっと揚げると歯ごたえとこくが格別

本州の近畿以北から北海道に分布する、繁殖力旺盛な多年草です。丘陵や山麓、谷間などの枯れ葉が堆積した湿気のあるところに地下茎を伸ばして広がり、大小の群落をつくります。

茎は約60㎝になり、茎の上部に先のとがった卵形の小葉からなる複葉をつけます。初夏から夏に1mほどの花茎を伸ばし、白色の小さな花を円錐花序に密生します。似た仲間にアワモリショウマ、チダケサシなどがありますが、食用にはなりません。

＊採取　4～5月に、全体に褐色の毛のような鱗片に覆われた若芽を、柔らかい部分から折り取ります。

＊下ごしらえ　ゆでて水にさらすと、鱗片は気にならなくなります。塩漬けで保存できます。

＊食べ方　ごまあえ、ごま味噌あえ、煮つけ、煮びたしなどにすると、こくのある味が楽しめます。一風変わったところでは、バター炒めにしてもおいしく食べられます。

からすのえんどう［烏野豌豆］

■マメ科 ■別名――ヤハズエンドウ

和名のカラスノエンドウは、これとよく似てさらに小型のスズメノエンドウに対比してつけられた名前で、カラスが食べるわけではありません。

北海道、本州、四国、九州に分布する越年草で、葉は10～14枚の小葉が羽状に集まって茎に互生し、葉の先端は巻きひげになっています。春から初夏に葉のつけ根に紫紅色の花をつけ、花後に約4cmのさやがつき、実がなります。

＊採取　4月ごろに若芽や若葉を摘み取ります。

＊下ごしらえ　ゆでて水にさらします。

＊食べ方　おひたし、あえもの、生のまま天ぷらに。

＊薬用　春に地上部を採取して日干しにし、胃もたれに1日量5gをコップ1杯の水で半量に煎じて服用します。

カラスノエンドウとテンペの油炒め

日当たりのよい土手や草原に生えるカラスノエンドウ。食用にはできるだけ若い芽や葉を採取する

ききょう［桔梗］

■キキョウ科 ■別名――オカトトキ
■生薬名――桔梗(ききょう)

❶ 花が美しいので、江戸時代から庭に植栽され、観賞されてきた
❷ キキョウの若葉

美しい青紫色の五弁花を咲かせる多年草で、北海道、本州、四国、九州に分布し、日当たりのよい原野や草原などに生え、群落をつくります。

根は太くてまっすぐ伸びる直根性で、茎は直立して1m近くまで伸び、長卵形の葉を互生します。夏から秋にかけて分枝した枝先に、青紫色の花を咲かせます。

＊採取　4～5月に若芽を採取します。

＊下ごしらえ　ゆでてからよく水にさらし、十分にあくを抜いてから食用にします。

＊食べ方　おひたし、各種あえもの、煮ものに。

＊薬用　秋に根を掘り取り、日干しにします。痰《たん》切り、咳《せき》止めに粉末をひとつまみ入れた水でうがいをすると有効です。

あしたば［明日葉］

■セリ科
■別名――ハチジョウソウ、アシタグサ

今日摘んでも明日には新しい葉が出るという意味でこの名がついたほど、生育力の強い大型の多年草です。分布は関東地方を北限にした太平洋側で、主に房総半島、伊豆半島から紀伊半島にかけて自生し、特に八丈島が産地として有名です。

＊採取　自生地では、年間を通して芽が出るので、いつでも採取可能です。若葉、つぼみを摘み取ります。

＊下ごしらえ　ゆでて水にさらします。

＊食べ方　おひたし、マヨネーズあえ、ごまあえ、煮びたし、卵とじ、生のまま天ぷらに。つぼみも天ぷらにします。

＊薬用　葉に含まれている成分に毛細血管を丈夫にする効果があり、若葉を食べると新陳代謝がよくなります。また、便通をよくするので、便秘がちの人に有効です。

❶ 春から秋にかけて、黄色の小さな五弁花が多数集まって咲く
❷ アシタバは大きくなると高さ1mぐらいになる大型の多年草

きくいも［菊芋］

■キク科
■別名――カライモ、シシイモ、ブタイモ

夏から秋に分枝した茎の先に黄色いキク状の花をつける

北米原産の多年草です。戦中戦後の食糧難のときに栽培するように奨励されたのですが定着せず、野生化したものが広がって、現在では北海道から九州の日当たりのよい荒れ地や高原に自生しています。

地下に塊茎をもち、草丈1～3mになり、夏から秋にかけて、花径5～8cmのキクに似た黄色い花を咲かせます。似た仲間にキクイモモドキがありますが、こちらは塊茎ができないので食用にはなりません。

＊採取　4月に若芽を、また、10月に塊茎を採取します。

＊下ごしらえ　若芽はゆでて水にさらします。

＊食べ方　若芽はおひたし、あえもの、生のまま天ぷらに。塊茎は洗ったあとに皮をむき、スライスしたものを酢水につけてあくを抜き、油炒めや甘酢漬けにします。また、生のまま天ぷらにもできますし、味噌漬けにもできます。

キクイモの塊茎

きんみずひき ［金水引］

春から夏にかけて長い花穂を伸ばし、黄色い5弁の小花をたくさん咲かせる美しい草花です。

北海道、本州、四国、九州の山林や原野に生える多年草で、草丈は30㎝～1mぐらいになり、全体に細毛が密生しています。はじめは地を這うようにして広がり、その後、茎が立ち上がって生長します。葉は長楕円形で鋭い鋸歯《きょし》があります。これを竜の牙に見立てて、竜牙草《りゅうげそう》の生薬名がついています。

■バラ科 ■別名――ヒッツキグサ
■生薬名――竜牙草（りゅうげそう）

キンミズヒキの若葉

花は下から順に咲き上がる

＊採取 4～5月に若葉を摘み取ります。

＊下ごしらえ ゆでて水にさらします。

＊食べ方 おひたし、あえもの、油炒めに。

＊薬用 花期に根ごと抜き取り、日干しに。下《げ》痢《り》止めに、1日量15gをコップ3杯の水で半量に煎じて毎食後に服用します。

コシャクの若葉。さわやかな香りがあっておいしい

こしゃく ［古芎］

■セリ科
■別名――シャク、ノニンジン、ヤマニンジン

葉の姿がニンジンの葉に似ているのでノニンジン、ヤマニンジンと呼ばれます。さわやかな香味をもつおいしい山菜です。

北海道、本州、四国、九州に分布し、高山から原野、山麓、平地の川べりなど、湿りけのあるところを好んで生える多年草です。根茎は太い肉質でひげ根をもち、4～5月ごろに細かく裂けた羽状複葉を生じます。生長すると草丈60㎝～1mになり、初夏に茎の上部に白色の小さな五弁花をたくさん集めて咲かせます。

＊採取 春に若葉を切り取ります。集団をつくって生育するので見つけやすく、たくさん収穫できます。

＊下ごしらえ くせがないので必要ありません。塩漬け、乾燥による保存が可能です。

＊食べ方 生のまま天ぷらに。香りが消えないようにさっとゆでて、おひたし、ごまあえ、酢味噌あえ、マヨネーズあえ、白あえ、煮びたしにします。

さらしなしょうま［晒菜升麻］

■キンポウゲ科 ■別名――ヤサイショウマ
■生薬名――升麻(しょうま)

サラシナショウマには、全草に毒性分があり、食用にするためには長時間水にさらしてあくを抜く必要があるため、晒菜ショウマの名がつきました。おいしさを反映してか、野菜ショウマの別名もあります。

北海道、本州、四国、九州に分布し、山野の雑木林の林床や日当たりのよい草原に群生する多年草です。草丈は1mぐらい、葉は先がとがった卵形で、縁に鋸歯《きょし》があります。夏から秋に花茎を伸ばして、白色の小花を穂状につけます。

＊採取　4～5月に若葉を摘み取ります。

＊下ごしらえ　ゆでてから、1昼夜水にさらします。

＊食べ方　おひたしや、各種あえものに向きます。

＊薬用　秋に根茎を掘り取り、日干しにします。1日量10gをコップ3杯の水で半量に煎じ、この液でうがいをすると、扁桃腺炎や口中のはれものに効果があります。

サラシナショウマの若葉。苦みがなくなるまで水にさらすことが大切

スイカズラの花。はじめは白だが、しだいに黄変する。花の基部を吸うと甘い蜜の味がする

すいかずら［忍冬］

■スイカズラ科 ■別名――ミツバナ、スイバナ
■生薬名――忍冬(にんどう)、金銀花(きんぎんか)

つる性の常緑低木で、北海道から沖縄まで広く分布します。日当たりのよい林縁や丘陵などで、ほかの木などにからみついて生長します。葉は長楕円形で柔らかい毛で覆われ、5～6月に管状の白い花をつけます。花はやがて黄色く変わるため、金銀花《きんぎんか》とも呼ばれます。

＊採取　5～6月に若葉を摘み取ります。

＊下ごしらえ　ゆでて水にさらします。

＊食べ方　おひたし、あえもの、炒めものに。

＊薬用　花を陰干しにしたものが金銀花で、解熱やむくみ取りに、1日量10gをコップ3杯の水で半量に煎じ、食間に3回に分けて服用します。

また、7～9月に葉を摘み取って日干しにしたのが忍冬《にんどう》で、口内炎や扁桃腺炎に、1日量15gをコップ3杯の水で半量に煎じ、うがいをします。

つりがねにんじん

［釣鐘人参］

■キキョウ科 ■別名――トトキ
■生薬名――沙参（しゃじん）

北海道、本州、四国、九州の日当たりのよい山麓や野原、土手などに生える多年草です。おいしい山菜で、トトキと呼ばれて親しまれています。

地下に太くてまっすぐな根をもち、大きいものでは草丈1mになります。葉は長楕円形で縁に鋸歯《きょし》があり、多くは輪生しますが、なかには対生、互生するものもあります。8～10月に分枝した茎の先に青紫色の釣鐘形の美しい花をつけます。

＊採取 4月ごろに若葉を摘み取ります。集団をつくって群生するので見つけやすく、たくさん収穫できます。

＊下ごしらえ ゆでて水にさらします。塩漬け、乾燥による保存も可能です。

＊食べ方 各種あえもののほか、煮びたし、天ぷらに。

＊薬用 11月に根を掘り取り、日干しにします。痰《たん》切りや咳《せき》止めに、1日量10gをコップ3杯の水で半量に煎じたものでうがいします。

ツリガネニンジンの花。観賞用に栽培されることも多い

ばいかも

［梅花藻］

■キンポウゲ科 ■別名――キンギョモ、カワマツ、ミズヒジキ

キンギョモの名のほうがよく知られているのではないでしょうか。金魚の水槽などに入れる細かな葉をもつ水草です。北海道、本州、九州に分布する水中生の多年草です。きれいな水が流れる小川、水路、遊水池に自生し、群落をつくります。

流れに沿ってなびく茎は、長さ30～50㎝で密に分枝し、細かい糸状の葉を互生します。夏に葉のつけ根から長い花柄を出して、白い梅に似た五弁花を咲かせ、花後に球形の果実をつけます。

＊採取 春から秋まで。ただし、暖地では一年中採取可能です。上半部の柔らかい茎葉を切り取ります。

＊下ごしらえ くせがないので、必要ありません。

＊食べ方 さっとゆでて三杯酢、酢じょうゆあえ、酢味噌あえ、からしあえ、煮びたしなどにします。塩で軽くもんで、粕あえやすまし汁にも利用できます。

澄んだせせらぎに揺れるバイカモ

ヒルガオの若芽。春から秋まで、次々と出てくる若芽を採取する

漏斗形をした淡紅色のヒルガオの花

ひるがお ［昼顔］

■ヒルガオ科 ■別名――アメフリアサガオ
■生薬名――旋花（せんか）

北海道、本州、四国、九州に分布するつる性の多年草です。郊外の道端や草むら、土手などでつるを伸ばして広がり、矛《ほこ》形の葉をつけ、夏にアサガオに似た花を咲かせます。花は淡紅色で、朝に開き、夕方には閉じる一日花です。

＊採取 春から夏にかけて、若葉や花を摘み取ります。

＊下ごしらえ ゆでて水にさらします。

＊食べ方 おひたし、あえもの、生のままで天ぷらに。また、花はさっとゆでて酢のものにします。

＊薬用 開花期に全草を根ごと掘り取り、日干しにしたものが生薬の旋花《せんか》です。体のむくみや疲労回復に、1日量10gをコップ3杯の水で半量に煎じたものを、食間3回に分けて服用します。

はないかだ ［花筏］

■ミズキ科
■別名――イカダソウ、ママッコ、ツクデノキ

葉の上に小さな花を咲かせる、ユニークな落葉低木です。北海道、本州、四国、九州にかけて広く分布し、特に湿りけの多い山地の半日陰に生えます。高さは1～2mでよく分枝し、縁に鋸歯《きょし》のある楕円形の葉を互生します。

5～6月に葉の表面中央に淡緑色の小花を咲かせます。雌雄異株で、雌株は花後に実を結び、黒熟します。

こうした形態は植物学的に珍しく、風情ある姿から庭木や茶花に利用されます。

＊採取 4～6月に若芽を枝のつけ根から摘み取ります。

＊下ごしらえ 軽くゆでて水にさらします。塩漬けにして保存できます。

＊食べ方 くせがなく、親しみやすい味なので、おひたし、ごまあえ、くるみあえ、からしあえ、煮びたし、煮つけに。生のまま天ぷらや油炒めにします。

花後に小さな実をつけたハナイカダの雌木。実は熟すと黒くなる

ほたるぶくろ［蛍袋］

■キキョウ科
■別名――アメフリバナ、チョウチンバナ

昔ホタルを捕まえて、この花に入れたことからこの名がついたという説があるほど、垂れて咲く花は美しく風情があります。

北海道、本州、四国、九州に分布し、山野の日当たりのよいところに自生する多年草です。茎はまっすぐに伸びて50～80㎝になり、葉は先のとがった卵形で互生し、茎につく部分には托葉の翼が2枚あって茎を包むようになっています。初夏に淡紅紫色または白色の、長さ4～5㎝の鐘形の花を数個つけます。

＊採取　4月ごろ、雪深いところでは5月に、若芽、若葉を摘み取ります。

＊下ごしらえ　ゆでて水にさらします。

＊食べ方　おひたし、あえもの、生のまま天ぷらに。花はさっとゆでて酢のものに。

❶ 6～7月に咲くヤマホタルブクロの花。酢を入れたお湯でさっとゆでて、サラダにすることもできる
❷ ホタルブクロの若葉の天ぷら。葉が肉厚で柔らかくおいしい

やぶがらし［藪枯］

■ブドウ科
■別名――ヤブタオシ、ヤブヅル、ビンボウカズラ

ヤブガラシの若芽。独特の辛みがあっておいしい

高山以外のいたるところにはびこって、丈夫な藪《やぶ》まで枯らしてしまう、つる性多年草です。生育力旺盛な雑草で、地下茎を伸ばしどこまでも繁殖しますから、庭で見かけたら若芽のうちに引き抜かないと後で大変です。

北海道、本州、四国、九州に分布し、山地から宅地まで、場所を選ばず自生します。つるには稜があり、葉は5枚の小葉からなる掌状複葉で、手のひらのような形をしています。7～8月ごろに淡緑色の小さな四弁花を房状に咲かせます。

＊採取　春から秋まで、次々に出てくる若芽や若葉、つるの先端の柔らかい部分を摘み取ります。

＊下ごしらえ　ゆで汁が濃い緑褐色になるまで十分にゆでて、一晩水にさらしてあく抜きします。

＊食べ方　酢味噌あえ、三杯酢、からしあえ、煮びたし、すまし汁にします。

花壇にある薬 ア・ラ・カルト

花壇や庭を彩る美しい草花のなかにも、優れた効能をもつものがあります。古くに薬草として渡来したものが観賞用に栽培され、今では園芸草花として有名になっているものもあります。そんななかからいくつかを紹介します。

カワラナデシコ

9月に種子を採取して日干しに。1日量3〜5gをコップ2杯の水で半量に煎じ、食間3回に分けて服用すると、尿の出がよくなり、むくみ取りに役立つ

シャクヤク

キンポウゲ科の多年草で、中国から渡来。薬用には秋に根を掘って水洗いし、日干しにしたものを漢方薬に配合し、胃けいれん、神経痛などに用いる

ホオズキ

ナス科の一年草。夏に全草を採って日干しに。咳《せき》止めに1日量10gをコップ3杯の水で半量に煎じ、食後3回に分けて服用する。ただし、根には子宮の収縮運動を盛んにする作用があるので、妊婦には用いないこと

シラン

ラン科の多年草で、球茎を秋に掘り取り、熱湯で30分ほどゆでて日干ししたのが、生薬の白芨《びゃっきゅう》。民間では、胃カタルなどに1日量5gをコップ3杯の水で煎じ、食間3回に分けて服用する

リュウノウギク

キク科の多年草。開花期に茎葉を採取して陰干しに。民間では、肩こり、腰痛、打ち身に、3握りを布袋に入れて浴湯料にする

サフラン

アヤメ科の多年草。赤い雌しべが薬用になる。採取したら陰干しに。民間では、月経不順、生理痛に、1回10本くらいをコップ1杯の熱湯につけて抽出し、1日1〜2回空腹時に服用する

第3章　さわやかな野の風味11種

夏の山菜・野草

6〜8月を中心に採取できる山菜・野草を集めています。ただし、暖地では5月から採取できるものもあります。

おおばぎぼうし

［大葉擬宝珠］

■ユリ科
■別名――ウルイ、ウリ、ウリッパ、ヤマガンピョウ

❶ オオバギボウシ。多雪地方に生えたものは、生育が早いので柔らかいものが得られる
❷ ギボウシの花
❸ 葉が開く直前の若芽
❹ ギボウシのつぼみのドレッシングあえ
❺ 若芽（ウルイ）のおひたし
❻ 若芽に切りごまをまぶしたもの
❼ 若葉を使った肉詰めロール

ギボウシは種類が多く、美しい斑《ふ》入《い》り葉などもあり、庭の日陰を彩る下草として使われています。なかでも、食用とされるのは、ひときわ大きくなるオオバギボウシです。その若芽は、おいしい山菜の一品として、山菜の宝庫である東北地方や北陸地方では、ウルイ、ウリッパなどと呼ばれ親しまれています。近ごろは、春の味わいとして、都会のスーパーなどでも市販されています。

オオバギボウシは、九州の屋久島から北海道中部まで、広い範囲に分布する多年草です。山地の岩場や草原、沢など、湿りけのある日なたから半日陰に自生し、群落をつくっています。5月下旬に訪ねた新潟県の魚沼市大白川では、川に注ぐ小さな沢を300mぐらい登った水飛沫がかかるような岩場に群生していました。

葉は1束になって出る根出葉で、裏に突出する平行脈をもつ卵状の楕円形で、長い葉柄がついています。7月に長い花茎を伸ばして淡紫色の花をいくつも、うつむきかげんにつけます。

＊採取 5〜6月に若い茎と葉を根元から摘み取ります。採取時に注意したいのが、毒草のコバイケイソウ（119ページ参照）と間違わないことです。芽出しのころはよく似ているので、軽く噛んでみて確認します。苦い味がしたら毒草です。誤食すると嘔吐や手足にしびれが起こります。

5

6

さわやかな風味とぬめりがおいしい若芽（ウルイ）は、利用範囲の広い食材です

＊下ごしらえ ゆでて水にさらします。たくさん収穫したときには、塩漬けにして保存できます。

＊食べ方 純粋な風味を味わうにはおひたしがいちばんです。独特のぬめりと歯ごたえを味わいます。このほか、ごまあえ、からしあえ、マヨネーズあえなどの各種あえもの、三杯酢、煮びたしに。生のまま天ぷらや身欠きにしんとの煮つけ、炒め煮、卵とじ、汁の実にも向きます。

＊薬用 はれものに、全草を採取して日干しにし、1日量10gをコップ3杯の水で半量になるまで煎じ、患部を洗います。または、生の葉をもんで汁を患部につけます。利尿には乾燥した花1日量10gをコップ3杯の水で半量に煎じ、食間3回に分けて服用します。

7

すべりひゆ

［滑莧］

■スベリヒユ科
■別名――ヒョウナ、オヒョウ、スベラヒョウ、ウマビユ、アカヂシャ

北海道、本州、四国、九州、沖縄に分布し、日当たりのよい土手や荒れ地に生える一年草です。繁殖力旺盛で、毎年こぼれ種子で殖え、畑や庭にもはびこる雑草として嫌われものですが、食べるとぬめりがあり、意外においしいものです。ビタミンCやミネラルを多く含む栄養的にも優れた野草です。

全体が多肉質で、茎は赤褐色を帯びた円柱状でつやがあり、分枝しながら地上を這って広がります。葉はへら状の肉厚で、茎に対生します。夏から秋にかけて茎の頂部に、花径7㎜ほどの黄色い五弁花をつけます。

＊採取　7～9月に、開花前の地上部をナイフで切り取ります。

＊下ごしらえ　ゆでて水にさらします。保存するときは、ゆでたものを乾燥させます。

＊食べ方　からしじょうゆあえがいちばんポピュラーな食べ方です。ぬめりと独特の風味は野菜にはないおいしさがあります。そのほか、酢味噌あえ、煮びたしに。乾燥したものはゆでてもどして水にさらし、煮つけやごまあえにします。

❶ スベリヒユ。開花前のものを採取する
❷ スベリヒユの煮びたし
❸ 干しスベリヒユはゆでもどして水にさらす。もどすときにはたっぷりの水が入った鍋に入れて、火にかけながら手でもみほぐしていく

ニッコウキスゲは初夏から夏にかけて、美しい花々で高原を彩る（美ヶ原高原）

にっこうきすげ

［日光黄菅］

■ユリ科
■別名――ゼンテイカ、ヤマガンピョウ、オゼカンゾウ

花は一日花だが、次々と咲いて長期間楽しめる

ニッコウキスゲは、本州中部以北から東北地方の海抜１０００m以上の高山地帯に生える多年草です。日光の霧降高原、尾瀬などが群生地として有名です。

雪が解けて春を迎えるころに、鮮やかな緑色をした広線形の葉を左右2列に扇形に広げた若芽を出します。初夏から夏に60㎝ぐらいの花茎を伸ばして、上部に黄橙色の美しい六弁花を次々に咲かせます。花は朝に咲いて夕にしぼむ一日花です。

同じ仲間のヤブカンゾウ（12ページ参照）同様に、若芽、つぼみは食用になりますが、採取はつぼみを少量採るくらいに控えたいものです。もちろん国立公園などでの採取は厳禁です。

＊採取 5～6月に若芽、つぼみを採取します。

＊下ごしらえ さっとゆでて水にさらします。

＊食べ方 若芽にはヤブカンゾウ同様のほのかな甘みがあります。おひたし、マヨネーズあえ、からしあえ、煮びたしに。つぼみは酢を入れた熱湯にくぐらせ、酢のものやサラダにします。

つぼみの酢味噌あえ

くちなし［梔子］

■アカネ科■別名――ガーデニア(英)
■生薬名――山梔子(さんしし)

白い花から甘い香りを漂わせるクチナシは、庭に植えられることが多く、庭木の印象が強い花木ですが、果実は薬用になるほか、栗きんとんなどの黄色い色づけに使われ、花も食用になります。

本州の静岡県以西、四国、九州、沖縄に分布し、日なたから半日陰に生える常緑低木です。葉はつやのある長楕円形で、枝に対生します。6～7月に咲く花は、一重咲きと八重咲きがあります。食用にはどちらも利用できますが、薬用には一重咲きが使われます。

＊採取　花を摘み取ります。

＊下ごしらえ　軽くゆでます。

＊食べ方　ドレッシングあえ、煮つけに。

＊薬用　11月に熟した果実を採り、2～3分熱湯に浸したあと陰干しします。民間では干した果実の粉と小麦粉を混ぜて酢で練り、打ち身、捻挫《ねんざ》の貼り薬とします。

❶ 八重咲きのオオヤエクチナシ。香りがよいが、果実はつかない
❷ 花のごまじょうゆあえ。しこしこして少しぬめりがある

だいもんじそう［大文字草］

■ユキノシタ科■別名――イワブキ、イワボキ

夏に大の字に似た五弁花をつけるので、この名がつきました。花色は本来白色ですが、園芸的に改良されて、薄紅や深紅色などもあります。葉の色も変化に富んでいることから、観賞用の山草として人気を呼んでいます。

北海道、本州、四国、九州に分布する多年草です。山間のやや湿った崖地や岩場に自生し、草丈は20～30㎝、長い葉柄をもつ葉は円形で、8～10片の浅い切れ込みがあります。葉の表面はつやがあり、表裏には細かな毛が生えています。

＊採取　6～10月までの長期間にわたって、次次と出る若葉を摘み取ります。根は採らないで残しておきます。

＊下ごしらえ　ゆでて水にさらします。

＊食べ方　くせがなく淡泊なので、ごまあえ、くるみあえ、からしあえなどのあえものに向きます。また、ユキノシタ(105ページ参照)と同じように、生のまま天ぷらにします。

❶ ダイモンジソウの天ぷら。ころもを薄くつけてからっと揚げる
❷ ダイモンジソウの若葉

つゆくさ ［露草］

青い花が美しいツユクサ。家のまわりに植えたいときは、挿し芽で発根させてから植えつけるとよい

■ツユクサ科 ■別名――ホタルグサ、チンチログサ、アオバナ、ツケバナ、ツキクサ ■生薬名――鴨跖草(おうせきそう)

清楚な青い花が美しい草花ですが、花は早朝に咲いて、昼になるとしぼんでしまいます。

北海道、本州、四国、九州に分布する一年草で、市街地の空き地や郊外の農耕地、土手などの日当たりのよいところに群生します。披針形の葉を互生し、6〜9月ごろに独特の蝶形の青い花を次々とつけます。

＊採取 5〜6月に若芽を摘み取ります。新しく伸びた茎の先の柔らかい葉なら、春から秋の間いつでも採取できます。

＊下ごしらえ ゆでて水にさらします。

＊食べ方 葉は柔らかく淡泊なので、からしあえ、酢のものに向きます。また、生のまま天ぷら、バター炒めにもします。

＊薬用 春から秋に地上部を刈り取り、日干しにします。のどの痛みに15gをコップ3杯の水で半量に煎じ、うがいをすると効果的です。湿疹、かぶれには2握りを布袋に入れて浴湯料にします。

ツユクサのしょうがじょうゆあえ

ゆきのした ［雪下］

■ユキノシタ科 ■別名――イワブキ、イケハタ、イドグサ ■生薬名――虎耳草(こじそう)

雪の下でも青々とした葉を茂らせるのでこの名で呼ばれています。北海道、本州、四国、九州に分布する常緑の多年草で、山地から平地の湿った日陰に自生し、群落をつくります。

葉は丸い腎臓形で、細かい毛が密生し、葉表には白色の条《すじ》があり、葉裏は赤みがかっています。

5〜7月に花茎を伸ばして、下2枚の花弁が大きい白い花を多数つけます。

＊採取 年間通して葉を摘み取ります。

＊下ごしらえ ゆでて水にさらします。

＊食べ方 ごまあえ、からしあえのほか、生のまま天ぷらにします。

＊薬用 年間通して葉を採取できます。日干しにしたのが生薬の虎耳草《こじそう》です。むくみ取りに、1日量10gをコップ3杯の水で半量になるまで煎じ、食間3回に分けて服用します。かぶれには生の葉をすって患部に塗るほか、やけどには生葉を火であぶり患部に貼ります。

①

②

❶ 丸い葉の形を虎の耳に見立てて、生薬名「虎耳草」の名がついた
❷ 天ぷら。葉裏にころもをつけてかりっと揚げるとおいしい

からすうり［烏瓜］

■ウリ科
■別名――キツネノマクラ、タマズサ

秋枯れの始まった雑木林の林縁などで、よく目立つ赤い果実をつける、つる性の多年草です。

北海道、本州、四国、九州に分布し、里山などの日当たりのよい山道脇などでもよく見かけます。

葉は心臓形。夏から初秋に、葉のつけ根に花弁の先がレース状になった白い花を咲かせます。花は夕方に開き、翌朝にはしぼんでしまいます。雌雄異株で、雌株は花後に結実し、秋に赤熟します。

秋に熟したカラスウリの果実。ドライフラワーにできる

＊採取　5～8月に若い葉を摘み取ります。

＊下ごしらえ　ゆでて水にさらします。

＊食べ方　ごまあえ、マヨネーズあえなどのあえもののほか、生のまま天ぷらに。初秋に熟す前の青い果実は塩漬けにしておしんこにします。

夜に開くカラスウリの花

さるとりいばら［菝葜］

■ユリ科　■別名――カシワノハ、イギノハ
■生薬名――菝葜(ばっかつ)

北海道、本州、四国、九州に分布し、山野、丘陵に自生する雌雄異株のつる性低木です。

葉は先がとがった卵形で、葉柄の下部にある托葉の先が巻きひげになっていて、これでからみついて伸びます。初夏に黄緑色の花をつけ、雌株は果実を結び、秋に赤熟します。

＊採取　6月ごろ、関西以西では5月ごろから若葉を摘み取ります。

＊下ごしらえ　軽くゆでて水にさらします。

＊食べ方　くせがないので、おひたし、炒めものにします。

＊薬用　秋に根茎を掘り取り、細かく刻んで日干しにしたものが生薬の菝葜《ばっかつ》です。はれもの、にきびに1日量10gをコップ2杯の水で半量に煎じ、食間に3回に分けて服用します。

❶ 秋に赤熟したサルトリイバラの果実。熟果は生食できるほか、薬用酒に利用できる
❷ サルトリイバラのつるにはトゲがあり丈夫なので、猟師がサルを捕まえるのに用いた。そのため「サルトリイバラ」の名がついたといわれる

いぬびゆ［犬莧］

■ヒユ科
■別名——ノビユ、ハビユ、オトコヒョウ

夏に緑色の小さな花を穂状につけたイヌビユ。花後に実を結び、夏に種子が落ちるとすぐに発芽して、秋にまた花をつける

ヒユに似ますが、雑草ということで犬の名がつきました。もともとはヨーロッパに分布する一年草ですが、帰化して野生化したものが北海道、本州、四国、九州に広がり、人家近くの空き地や道端、畑などに生えています。

草丈は20～40㎝で、茎は根元から分枝し、丸みのある菱形の葉を互生します。夏に茎の先と葉のつけ根に花穂をつけ、緑色の小花を多数咲かせます。

＊採取　5～10月に、出てきた若葉を採取します。

＊下ごしらえ　ゆでて水にさらします。乾燥保存もできます。

＊食べ方　意外にくせがないので、ごまあえ、くるみあえ、マヨネーズあえ、からしあえなどのあえものに向くほか、煮つけ、バター炒め、生のまま天ぷらにするなど、幅広く利用できます。

ががいも［蘿藦］

■ガガイモ科
■別名——ゴンガラ、ガンガラ、トウノキ

本州、四国、九州に分布するつる性の多年草です。平地から里山の道端、藪《やぶ》などに生え、雑草として見過ごしてしまうことが多いのですが、夏に注意して見ると、小さいけれど美しい花をつけます。

地下茎は太くて長く、茎はほかの植物にからみつきながら2mぐらい伸びます。細長い心臓形の葉が互生し、夏に葉のつけ根から花柄を出し、細い毛に覆われた淡紫色の五弁花をつけます。茎葉を切ると白い液が出ます。

＊採取　晩春から初夏にかけて、出てくる若芽を摘み取ります。

ただし、根茎には毒成分が含まれているので、採取は禁物です。

＊下ごしらえ　ゆでて水にさらします。

＊食べ方　ほのかな甘みがあり、おひたしやマヨネーズあえ、ごまあえ、白あえに向きます。生のまま天ぷら、バター炒めにしてもおいしい一品になります。

ガガイモの花。花後にできるオクラに似た果実は、天ぷらにできる

庭にある薬 ア・ラ・カルト

ウメは古くから体によいものとして、梅干しや果実酒などに用いられてきました。このほかにも、庭を見まわすと薬になる花木はたくさんあります。身近にある役立つ庭木をご紹介します。

キンモクセイ

モクセイ科の常緑樹。秋に芳香のある橙色の小花を群がり咲かせる。この花を陰干ししたもの30～50gをアルコール35度の焼酎1.8ℓに漬け込み、3か月ねかせる。胃の不調に杯1杯服用する

ツバキ

ヤブツバキとユキツバキ、どちらも薬用になる。軽い切り傷には葉を嚙みつぶして塗ると止血に、乾燥したつぼみをお茶代わりに飲むと滋養に役立つ。種子からはツバキ油がとれる

ウメ

バラ科の落葉樹。かぜの初期には、黄色くなりかけた未熟果を採り、アルミホイルで包んで黒焼きに。これを湯飲みに1～2個入れて熱湯を注ぎ、かき混ぜて飲むと発汗を促す

オオミサンザシ

バラ科の落葉樹。消化不良に乾燥した実1日量5gをコップ3杯の水で半量に煎じ、食後3回に分けて服用。二日酔いにも1回量10gをコップ2杯の水で半量に煎じて服用

ボケ

バラ科の落葉樹。薬用には夏に採れる青い果実を用いる。輪切りにした果実800gをアルコール35度の焼酎1.8ℓに漬け込み、1年間ねかせる。疲労回復、不眠症、低血圧に、就寝前に杯1杯服用する

テイカカズラ

キョウチクトウ科のつる性常緑樹。夏に採取する茎葉に薬効がある。解熱に用いるが、素人では危険を伴うので薬用は避け、花を観賞するだけにとどめたい

ビナンカズラ

マツブサ科のつる性常緑樹。10～11月に赤い実が集まった果実をつける。これを干したのが生薬の南五味子《なんごみし》で、強壮、咳《せき》止めに1日量5gをコップ2杯の水で半量に煎じ、食間に3回服用する

第4章　実りの季節の贈り物8種

秋の山菜・野草

9～11月を中心に採取できる
山菜・野草をご紹介します。
ただし、植物によっては
12月まで採取できるものもあります。

やまのいも

〔山芋〕

■ヤマノイモ科
■別名――ジネンジョ、ヤマイモ
■生薬名――山薬(さんやく)

昔から「自然薯《じねんじょ》を食べると精がつく」といわれるほど、滋養強壮効果の優れた山菜です。漢方薬の世界でも山薬《さんやく》と呼んで滋養強壮に使っています。

本州、四国、九州に分布するつる性の多年草です。平地から山地の藪《やぶ》などの中で、ほかの木にからみついて育ちます。葉は先のとがった心臓形で茎に対生し、夏に葉のつけ根に花穂をつけます。雌雄異株で、雌株は秋にムカゴを実らせます。冬になると地上部は姿を消し、地下にあるイモだけで冬越しし、春に再びイモの頂部から発芽します。イモの養分を使って生育するので、夏までにはもとのイモはすっかりなくなってからの袋となりますが、秋までにふたたび栄養を蓄えて、ひと回り大きい新たなイモをつくります。石などの

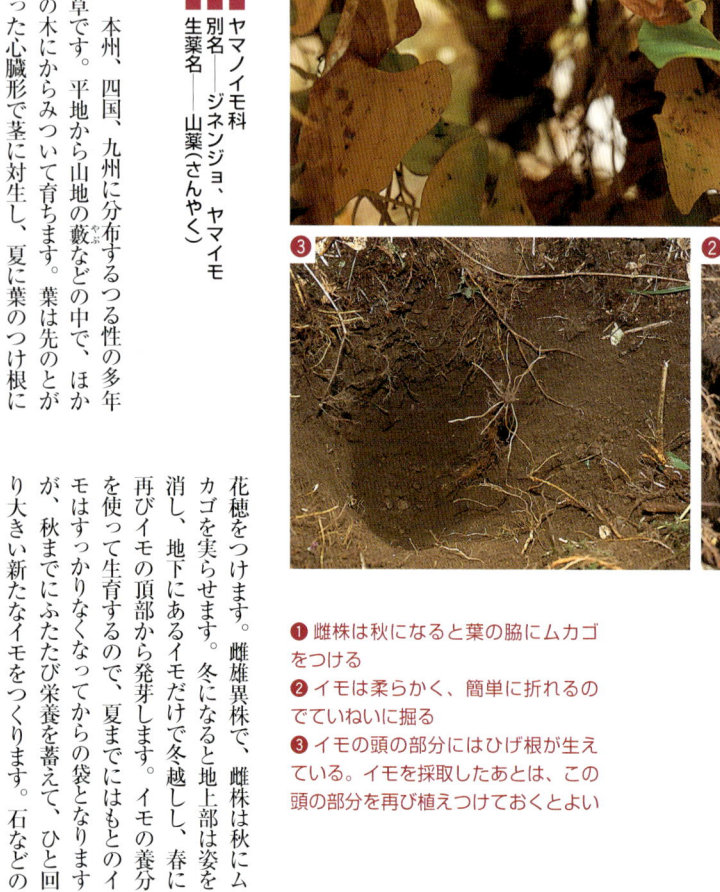

❶ 雌株は秋になると葉の脇にムカゴをつける
❷ イモは柔らかく、簡単に折れるのでていねいに掘る
❸ イモの頭の部分にはひげ根が生えている。イモを採取したあとは、この頭の部分を再び植えつけておくとよい

掘り取るには根気がいりますが、滋養強壮に優れた「おいしい薬」です

障害物がなければ年々大きくなって1m以上の、まっすぐに伸びた立派なイモに育ちます。

似た仲間にオニドコロがあります。葉が互生するので区別できます。根茎には苦みがあり、生食はできませんが、木灰であく抜きしたあと、煮ものにはできます。

＊採取 秋にムカゴを、秋から冬にイモを掘り取ります。地上部が枯れると場所がわからなくなるので、枯れる前に目印をつけておきます。イモは折れやすいので、慎重に掘り進めます。

＊下ごしらえ ムカゴは塩ゆでにしてあくを抜きます。

＊食べ方 ムカゴはご飯に炊き込んだり、油炒め、から揚げにします。イモはとろろ汁のほか、すりおろしたイモをのりで巻いて油で揚げた磯辺巻き、粗いせん切りにしてサラダ、天ぷらにします。

＊薬用 11月ごろにイモを掘って外皮を除き、日干しにしたのが生薬の山薬《さんやく》です。漢方で滋養強壮の目的で処方されます。民間薬としては、寝汗や夜尿症に、生のイモをアルミホイルで包み焼きにしたものを、塩をつけて毎日食べると効果があるといわれています。

❹ 掘り上げたヤマノイモ。昨年イモだったからの袋（左側のもの）がついていた

❺ ヤマノイモ掘りには、シャベル、移植ゴテのほか、専用の「ツキ」という道具があると便利。掘った穴は必ず埋め戻しておくこと

❶ シイタケ、シメジと炊き合わせたムカゴめし
❷ ヤマノイモを使った山の幸サラダ
❸ ヤマノイモを入れたすいとん
❹ ムカゴのから揚げ。ほくほくとして美味
❺ ヤマノイモとネギのかき揚げ

はす

［蓮］

■スイレン科　■別名――ハチス
■生薬名――蓮根（れんこん）、蓮実（れんじつ）、荷葉（かよう）

ハスの花と花床。晩秋に、よく熟した実をいって食べると滋養強壮に有効

北海道、本州、四国、九州に分布する多年草です。池や沼に自生し、春に地下茎から芽を出し、はじめの葉は浮き葉になりますが、のちに長い葉柄をもった葉が水上に伸び出ます。葉は円形で直径40〜50㎝。夏に葉柄より長い花茎を出して1輪の美しい花を咲かせます。花後、花床の穴の中で、実を結びます。

＊採取　11月から翌年の2月ごろまでに、根茎を掘り取ります。実は8〜11月に花床ごと採取します。

＊下ごしらえ　根茎がレンコンです。ゆがいて水にさらします。

＊食べ方　レンコンは皮をむいて煮込むほか、酢のものにしたり炒めたりします。若い実は炊き込みご飯に利用します。

＊薬用　ハスの実をいったものを食べると滋養強壮によく、根茎は下痢《げり》止めに1日量20gを刻み、コップ2杯の水で半量に煎じ、食後3回に分けて服用します。

うばゆり

［姥百合］

■ユリ科
■別名――カバユリ、ネズミユリ、ウバヨロ、ヤマカブ、ヤブユリ

関東・中部地方以南に分布する多年草で、山地の樹林下、藪《やぶ》地などの日陰に生えます。茎は直立して1mぐらいに伸び、葉は長さ20㎝ほどの細長い心臓形で、茎の下部にかたまってつきます。7〜8月ごろに茎の先端にテッポウユリに似た緑白色の地味な花を横向きに数花つけます。地下の鱗茎は開花時期には消失し、秋にかけて新たに生じます。

＊採取　11月から翌年の1月にかけて、地下の鱗茎を掘り取ります。

＊下ごしらえ　ユリ根のように1枚1枚はがして、さっと塩ゆでにします。

＊食べ方　ゆでた鱗茎はくせや苦みがなく、ソフトな舌触りです。きんとんや、酒を加えて煮た砂糖煮にするとおいしいデザートになります。生のまま1片ずつ天ぷらにしても美味です。

❶ 夏に花をつけたウバユリ
❷ ウバユリの若葉。このころ葉脈や縁が褐紫色になる特徴がある

やまゆり

［山百合］

■ユリ科

■別名――エイザンユリ、ヨシノユリ、ホウライジユリ、リョウリユリ

スギ植林地の下草の中で、ひときわ高く、大きい白い花を咲かせるヤマユリ

ヤマユリの鱗茎。鱗茎の上と下に根がある

良質のでんぷんを含むヤマユリの根は、甘煮や天ぷらにするとおいしい

夏の里山を歩いていると、植林地などの木漏れ日が当たるところに、ひときわ高く伸びて大きな白い花を輝かせているヤマユリに出会います。

ヤマユリは本州の近畿地方から東北地方に分布する多年草です。北海道や九州などで見かけるのは、栽培していたものが野生化したもの。いずれにしても、日当たりのよい原野、丘陵などに生えています。

草丈は1.5m前後、夏に咲く花は白色大輪の六弁花で、内側に黄色い条《すじ》と赤い斑点があり、強い香りを放ちます。よく「1輪1年」といわれ、花つきが多いほど年数がたっており、大きな鱗茎になっています。

＊採取 秋から春にかけて、鱗茎を掘り取ります。

＊下ごしらえ 根を取り除き、鱗茎をきれいに水洗いし、1片1片をはがしてから、酒を加えてゆでます。

＊食べ方 鱗茎を中火で甘煮にしてグラニュー

糖をまぶした一品は、透明感があって見た目にも美しく、よいデザートになります。きんとん、煮ものにも向きます。生のまま天ぷらにしても、ほくほくした歯ごたえのよい一品ができます。

＊薬用　鱗茎を1片ずつはがして日干しにします。打ち身、はれもの、おできなどに、粉末にしたものに酢を加えて練り、患部を湿布します。1日2～3回取り替えます。

ヤマユリの実。熟すと中から平たい種子が飛び散って繁殖地を広げる

❶ 鱗茎の砂糖煮。鱗茎をゆでて水にさらし、砂糖で煮つけてからグラニュー糖をまぶしたもの
❷ ヤマユリのつぼみのオニオンドレッシングあえ。つぼみはゆでた後30分ぐらい水にさらして苦みを取る
❸ ユリ根の天ぷら。塩で食べると甘みが際立っておいしい
❹ しょうゆとみりんで味つけした煮びたし

❶

❹

❸

❷

つるな

［蔓菜］

■ツルナ科
■別名――ハマヂシャ、ハマナ、イソナ
■生薬名――蕃杏(ばんきょう)

ツルナの花は無花弁。花に見えるのは萼《がく》が裂けたもの

北海道、本州、四国、九州に分布し、浜辺に生える多年草です。茎は地を這って広がり、分枝した先が立ち上がって、草丈50㎝ぐらいになります。葉は三角形の肉厚で、表面は粉っぽい感じでざらついています。春から秋に黄色い小花をつけます。

＊採取　春から秋まで、若い葉や茎の先を摘み取ります。

＊下ごしらえ　ゆでて水にさらします。

＊食べ方　おひたし、あえもの、炒めもの、汁の実のほか、生のまま天ぷらにします。

＊薬用　春から秋に地上部を採取して日干しにします。胃炎に、1日量15gをコップ3杯の水で半量に煎じ、食間に3回に分けて服用します。

ツルナの若葉。ヨーロッパでは野菜として栽培されている

もりあざみ

［森薊］

■キク科
■別名――ヤマゴボウ、キクゴボウ、ゴボウアザミ

ゴボウを小型にしたような「山ごぼうの漬けもの」が売られていますが、使われている根はモリアザミのものです。植物名でのヤマゴボウ(ヨウシュヤマゴボウ122ページ参照)はまったく別の植物で有毒植物ですから、間違えないよう注意します。

モリアザミはアザミの仲間で、本州、四国、九州に分布する多年草です。山地や野原などの日当たりのよいところに生えます。根は2㎝ぐらいの太さでまっすぐ伸び、茎は分枝しながら1mほどになります。葉は深く裂けて羽状になり縁にトゲがあります。秋に茎の先に紫紅色の花を咲かせます。

＊採取　10月から翌春にかけて、根を掘り取ります。

＊下ごしらえ　必要ありません。

＊食べ方　味噌漬けやしょうゆ漬けに。また、天ぷらやきんぴらにできます。

❶「山ごぼう」といわれるモリアザミの根
❷モリアザミの頭花。花の基部は針のようにとがっている

❶ 葉は3～5㎝で、縁に鋸歯がある
❷ ヒシの実。幅4㎝ぐらいで堅い殻に覆われている

ひし［菱］

■ヒシ科
■別名――ヘシ、フシ、シシ、オニコ、オニカワラ、ツノジ、ミズグリ

北海道、本州、四国、九州に分布する水生の一年草です。水深2mぐらいの池や沼に自生します。

毎年水中に落ちた種子から芽を出し、細い茎から葉柄を伸ばして、水面に幅広い菱形の葉を浮かべます。葉柄には紡錘形の浮き袋があり、葉の裏や葉柄には長い軟毛が生えています。

夏から秋に浮き葉のつけ根から花茎を伸ばして、水面上に白色または淡紅色の小花を咲かせます。果実は水中で育ち、2つの鋭いトゲがある堅い果実になり、秋に熟して黒くなります。

＊**採取** 9～10月に果実を採取します。
＊**下ごしらえ** 殻をむきます。
＊**食べ方** ゆでたり蒸して食べるほか、煮ものや炒めものに。また、砂糖煮にして保存することもできます。

ほどいも［塊芋］

■マメ科
■別名――ホド、フド、ミホト、ホトドコロ、カマホト、ツルイモ

山野に自生している多年草で、根にできるイモが精力剤になるということから人気があり、そのためか自生のものは減少しています。

ホドイモは、北海道、本州、四国、九州に分布するつる植物です。ほかの植物に巻きついて伸び、夏に葉のつけ根から花軸を出して、蝶形の花をつけます。長く伸びた根に紡錘形の塊根をつけます。

似た仲間に北アメリカ原産のアメリカホドイモがあり、野生化したものが各地に自生しています。青森県の南部地方では、これを「ホド」といって栽培しています。ホドイモ同様に食べられます。

＊**採取** 11～12月に塊根を掘り取ります。また、春に若芽を摘みます。
＊**下ごしらえ** 若芽はゆでて水にさらします。
＊**食べ方** 塊根は蒸して食べるほか、煮たり、スライスして天ぷらにします。若芽はおひたし、あえものにします。

花が美しいアメリカホドイモ

知っておきたい身近にある毒草

山菜とよく似た毒草があります。各植物の項でも、間違わないように解説しましたが、ここでは、それ以外の毒草も含めて解説します。猛毒をもつ植物もあるので、十分注意しましょう。

トリカブト

猛毒をもつ植物として有名です。若芽のころは、山菜のニリンソウ(16ページ参照)に似ています。全国に分布し、ニリンソウと同じような場所に生えるので、注意して見分けましょう。トリカブトは全体に毒成分を有し、地下部には長さ3cmの逆三角形をした塊根(烏頭《うず》と呼ぶ)をもち、秋にはやや小型の子根(附子《ぶし》)をつけます。生長すると草丈50cm～1mになり、3～5つに深く切れ込んだ掌状の葉をつけます。夏から秋に茎の先端に、舞楽の鳥兜《とりかぶと》に似た青紫色の花をつけます。

似た仲間にヤマトリカブト、オクトリカブトがあり、いずれも猛毒があります。毒の成分は猛毒のアルカロイドです。全草、特に塊根に多く含まれています。誤食すると呼吸困難、心臓麻痺を引き起こして死に至ります。

ニリンソウとの見分け方は塊根のあるなしでできますが、採集時期はニリンソウの花を確認するのがいちばんです。

❶ ヤマトリカブトの花。花の長さは約3cm
❷ トリカブトの若芽
❸ 根は烏頭と呼ばれる塊根になっている

コバイケイソウ

❶ コバイケイソウの若芽。ギボウシと間違いやすい
❷ 白い小さな花をつけた花穂

ギボウシ(100ページ参照)の若芽と間違って誤食しやすい毒草です。ベラトラミンなどの有毒成分を含み、血圧が下降してめまいや脱力感を生じ、呼吸麻痺を起こして死に至ることがあります。

コバイケイソウは北海道、本州、四国、九州に分布し、ギボウシと同じ山地のやや湿ったところに自生しています。生長すると草丈60cm～1mになり、幅の広い楕円形の葉をつけ、初夏に写真のような花を咲かせます。ギボウシと異なり、苦い味がしたらコバイケイソウです。

アセビ

ツツジ科の常緑樹で、鈴のようなかわいい花を咲かせることから、庭木や生け垣に使われます。同じ仲間にオキナワアセビ、タイワンアセビがあります。

植物全体に強い毒性分を含み、誤食すると嘔吐、下痢《げり》を引き起こします。

ウスバサイシン

ウマノスズクサ科の多年草で、本州、四国、九州北部に分布しています。山地のやや湿った林床に自生する植物で、その根および根茎を乾燥したものは細辛《さいしん》と呼ばれ、麻黄附子細辛湯《まおうぶしさいしんとう》や小青竜湯などの漢方処方に配合されます。しかし、その地上部には、アリストロキア酸という有毒成分を含有し、腎障害を引き起こす可能性がありますので、食べてはいけません。

イケマ

ガガイモ科のつる性の多年草で、茎や地下茎に毒性分をもっているため注意が必要です。茎を折ると白い乳液が出ます。有毒成分のシナンコトキシンを含み、誤食するとよだれが出て、嘔吐し、けいれんを引き起こします。

キツネノカミソリ

ヒガンバナ科の多年草で、全国の野山に自生しています。8～9月に40㎝ほどの花茎を伸ばしてオレンジ色の六弁花を咲かせますが、花はヒガンバナのように反り返りません。

全草にアルカロイドのリコリンを含み、誤食すると嘔吐、下痢《げり》、場合によってはけいれんを起こして死に至ることもあります。

ウマノアシガタ

キンポウゲの名で親しまれている多年草で、日当たりのよい野原や山野に自生。初夏に光沢のある黄色の五弁花をつけます。全草にラヌンクリンなどの毒成分を含み、水ぶくれなどの皮膚炎を起こすほか、誤食すると、嘔吐したり、胃腸に炎症を起こすことがあります。

キツネノボタン

セリ（21ページ参照）に似ているので、採取時には注意が必要です。全国に分布し、日当たりがよくやや湿った水辺などを好んで生える越年草です。草丈20～80㎝で、春から秋まで花径1㎝ぐらいの黄色い花を咲かせ、花後に金平糖のような果実を結びます。全草に毒成分プロトアネモニンを含み、皮膚炎になったり、誤食すると胃腸の炎症を引き起こします。

クサノオウ

山野、草原、市街地の空き地などに生えるケシ科の越年草です。草丈は40〜80㎝で、切れ込みのある葉を互生し、全体に白っぽい感じです。初夏から夏に黄色の四弁花をつけます。茎を折ると黄色の乳液が出ます。全草に毒成分のケリドニンなどを含み、誤食すると、けいれん、呼吸麻痺などを起こすことがあります。

ドクゼリ

猛毒をもつセリ科の多年草です。全国の湿地や小川などに生えるので、セリと間違いやすく、注意が必要です。ドクゼリはセリより大型で、地下にタケノコに似た太い地下茎があるので、これで見分けます。全草、特に地下茎に猛毒のシクトキシンを含み、誤食すると、めまい、嘔吐、頻脈、呼吸困難などを起こし、死に至ることがあります。

スズラン

芳香を放ち、花がかわいらしいことから、園芸植物として有名です。園芸店で売られているもののほとんどはドイツスズランです。日本の自生種は小型で、花つきも少ないことから、山野草として親しまれています。全草に、特に根茎にコンバラトキシン、コンバラサイドなどの毒成分を含み、誤食すると、嘔吐、頭痛、時に心臓発作を起こすことがあります。

ドクニンジン

ヨーロッパ原産のセリ科の二年草です。葉はコシャク(93ページ参照)に似ていますが、ドクニンジンには茎に暗紫色の斑点があるので、これで見分けます。草丈1.5mくらいになり、夏に白花が集まって傘状になります。種子を含む全草に猛毒のコニインなどを含み、誤食すると、嘔吐、流涎《りゅうえん》、呼吸困難などを起こし、死に至ることがあります。

ドクニンジンの若葉

タケニグサ

ケシ科の多年草です。野山や平地の日当たりのよいところに生えます。草丈1〜2mになり、切れ込みのある心臓形の大きな葉を互生し、夏に白花をつけます。茎は中空で、折るとオレンジ色の液が出ます。白い粉がふいていて全体に白っぽく見えます。全草にケレリトリン、サンギナリンなどの毒成分を含み、誤食すると、嘔吐、下痢、呼吸麻痺などを起こすことがあります。

ノウルシ

トウダイグサ科の多年草です。全国各地の湿地や草原に生えています。草丈30〜40㎝ぐらいで、4〜5月に茎の先に、黄色い小さな総《そう》苞葉《ほうよう》が花のようにつきます。全草にユーフォルビンなどの毒成分を含み、汁がつくとかぶれることがあります。

ハシリドコロ

本州、四国、九州に分布するナス科の多年草で、林の中や谷川などに自生。太い地下茎があり、草丈は30～50㎝。春に暗紅紫色の釣鐘型の花を下向きに咲かせます。全草に猛毒のアトロピンなどを含み、誤食すると、嘔吐、手足のしびれ、呼吸麻痺などを起こし、死に至ることがあります。

フクジュソウ

キンポウゲ科の多年草です。庭では2～3月に黄色い光沢のある花を咲かせ、正月を寿《ことほ》ぐ花として目を楽しませてくれますが、毒草ということはあまり知られていないようです。全草に毒成分のシマリン、アドニトキシンなどを含み、誤食すると、嘔吐し、ときには心臓麻痺を起こすことがあります。

ヒガンバナ

秋の野原を赤い花々で彩るヒガンバナは、ヒガンバナ科の多年草です。全国各地の山野に自生しています。

鱗茎と地上部にアルカロイドのリコリンやガランタミンを含み、誤食すると、嘔吐、頭痛を起こし、多食すると呼吸困難になり、死に至ることもあります。

ヨウシュヤマゴボウ

日本全国の野原などに生えるヤマゴボウ科の多年草です。草丈は1m以上。長楕円形の葉を互生し、夏に白い小花を房状につけ、秋に赤褐色の実を熟します。ヤマゴボウの名がついているので食べられそうに思いますが、全草、特に根にフィトラッカトキシンなどの毒成分を含み、誤食すると、嘔吐、下痢、麻痺を起こし、死に至ることもあります。

ヒレハリソウ

帰化植物で、英名のコンフリーのほうがよく知られています。明治時代に渡来し、食用、薬用に栽培されてきたものが野生化し、北海道から九州に分布しています。

ところが、ピロリジンアルカロイドが原因と考えられる肝障害が海外で多数報告され、平成16年に厚生労働省から摂取を避けるようにと通知が出され、食品としての販売が禁止されました。

ホウチャクソウ

山菜のアマドコロ（14ページ参照）と間違えやすいユリ科の多年草です。全国の山地に生え、草丈は30～60㎝になります。長楕円形の葉をつけ、5月ごろに筒状の花を下向きにつけます。若い芽に毒性分があるといわれ、誤食すると苦みがあり、嘔吐を引き起こすことがあります（見分け方はアマドコロの項を参照）。

第5章

薬草として山菜・野草を味わう

山菜・野草の医食同源

高野昭人

早春の訪れを告げるクサソテツ。山菜は古くから人々の生活の傍《そば》にあった

山菜料理の出羽屋さんのご主人によると、食べられる山菜は350～360種あり、そのうち約200種は救荒植物で、凶作の折に食料とされたものだそうです。残りのうち、だれもがおいしいと認めるものはそのうちの80～100種で、通常出回っている山菜といえば40～50種。さらに皆がよく知っているものとなると20種ほどに減るといいます。

　薬草についてみると、その土地にある植物の約1割が薬草であるといわれています。日本の場合、約900種の薬草があることになるでしょうか。一方、現在、漢方薬の原料として市場に流通している生薬は約500種類で、そのうちよく利用されるものは200～250種類程度とされています。

　数字を並べると、いかにも多くの生薬、薬草があるように思えますが、それらのなかには、ショウガ、ヤマノイモ、シソ、ゴマ、トウガラシなど、普段、われわれが食物として利用しているものも多数含まれています。

薬の起源

最近、「医食同源」あるいは「薬食同源」、「薬膳」という言葉をよく耳にします。漢方医学には約２０００年の歴史があるとされますが、人間はそれより以前から何らかの形で天産物を薬として用いていたに違いありません。薬の起こり（起源、最初）は、「その植物を食べ物として口にして、何らかの反応が身体に起こった」ことがきっかけであると考えるのが自然でしょう。その後、多くの経験を積む過程で、次第に薬としての使い方が確立し、あるものは民間薬として利用され、あるものは、中国の古代思想に基づく漢方医学が成立する過程で、その理論に基づき利用されるようになってきたのです。

　「薬膳」は、もともと中国医学の理論に基づき、さまざまな生薬（植物、動物、鉱物などをそのまま、あるいは乾燥するなどして加工したもの）を料理に加えたものです。その目的は、大きく「食療」と「食養」の2つに分けられます。「食療」は病気の治療の補助的な意味合いが強いもの、一方、「食養」は健康増進、不老長寿を目的とし、保健的な意味合いが強いもので、日本では後者の意味での薬膳が普及してきています。

ショウガやゴマなど、食材として身近な薬味にはさまざまな効能がある

　漢方医学では、生薬の特性を、五性（熱、温、平、涼、寒）と五味（鹹《かん》、辛、甘、酸、苦）で表現し、各生薬は必ず性と味をもつと考えます。そして、そのバランスを大切にして、生薬や食べ物を組み合わせることによって、健康を維持、増進し、また、老化を遅らせることができると考えます。したがって、薬膳においても、食材や加える生薬類の性味のバランスが最も大切であるといわれます。

　私たちは、そばを食べるときにワサビやネギを入れたりします。このネギやワサビのことを「薬味」といいますが、「薬味とは、薬を味わうという意味なのです」と故田中孝治先生（東京都薬用植物園元園長、昭和薬科大学薬用植物園元園長）が解説されていたのを思い出します。私たちは普段の生活のなかでも薬草を利用してきたのです。また、日常の料理のなかで、酢のものに砂糖や蜜を少量加えて強い酸味を抑えたり、強い甘味を抑えるために少量の塩を加えたりします。「薬膳」を学ばなくても、経験により古くからバランスに配慮した味つけをしてきたのです。

身近な薬草、話題の薬草

さて、皆さんが知らないうちに口にしている有名な薬草を紹介しましょう。それは甘草《かんぞう》という生薬です。その名のとおり甘味を有し、漢方薬に最も汎用される生薬です。鎮痙《ちんけい》、鎮痛、緩和、消炎、解毒、鎮咳《ちんがい》、去痰《きょたん》などの作用のほか、他の配合生薬の働きを調和する作用があるといわれています。甘草はマメ科の植物の根茎や根で、ヨーロッパでも古くから薬用とされてきました。すでに紀元1世紀（77年）にディオスコリデスによって著された『薬物誌』にリコリスという名で登場し、抗炎症薬としてのどの痛みをやわらげ、胸や肝臓、腎臓の病に効果があることが記載されています（注意＝ヒガンバナ科のリコリスとは別の植物）。ところが、その甘草はしょうゆの矯味料として利用されており、その消費量は薬用としてよりもはるかに多い量なのです。

近年、サプリメントと称する商品が市場に溢《あふ》れています。外国で古くから民間薬として利用されてきたものもありますが、情報の少ない未知の製品も多く存在します。

前述の甘草については多くの研究報告があり、最近ではサプリメントの中にも配合されることがあるようです。しかし、甘草には、副作用として低カリウム血症を引き起こすことが知られていますので、もともと低カリウム血症の人、アルドステロン症の人、ミオパチーのある人、また、ある種の利尿薬を服用している人や生理機能が低下している高齢者が使用する際には注意が必要です。

また、最近、イチョウの葉を用いたサプリメントをよく見かけます。しかし、皆さんは、イチョウの果実、銀杏が強い異臭を放つことと、その果肉のような黄色い部分に含まれる液体が皮膚炎（かぶれ）を起こすことをご存じでしょう。イチョウの葉をそのまま煎じて飲んだのでは、かぶれを起こす成分、ギンコール酸をもいっしょに飲んでしまうことになります。現実に、イチョウ葉を含むサプリメントを服用して、腹痛、湿疹、下痢《げり》などの副作用が起きたという事例が報告されているようです。自分でイチョウの葉を集めて煎じて服用するのは絶対やめてください。ドイツやフランスでは、イチョウの葉からこれらの有害成分を除去して医薬品が作られており、痴呆や脳血管障害に基づく記憶障害、認知障害などの症状改善や進行防止、末梢血管障害の改善などに用いられているようです。薬として利用するには特別な抽出技術が必要なのです。

山菜や野草のなかにも、強い作用を示す成分を含むものが存在します。最近まで天ぷらにしたり、青汁にしたりして利用されていたコンフリー（ヒレハリソウ）も、肝障害を引き起こす可能性があることから、厚生労働省は食べないようにという注意情報を出しました。山菜、野草は確かに医食同源、薬食同源の基になっています。日本においても古来より食文化としてそれらの利用法が伝えられてきました。先人の知恵を上手に活用し、かつ安全に、独特の風味を楽しみたいものです。

ハトムギ茶●滋養強壮によいとされ、広く利用されている健康茶。くせがなく飲みやすいのも特徴。ハトムギは草姿、果実とも同じイネ科のジュズダマにそっくりだが、ジュズダマが多年草なのに対し、こちらは一年草。

山菜を料理する

1 下ごしらえ

あくの強さは種類によって異なります。ウルイやコゴミのようにほとんどあくがない山菜もありますし、シオデやタケノコのように、採りたてのうちはさほどえぐみがないのに、採取後、時間がたつと次第にえぐみが増す種類も少なくありません。また、ワラビやゼンマイのように、調理の前にあく抜きをしなければ利用できない種類もあります。

長年の改良で温和な味に変えられた野菜類に比べれば、天然の山菜のほうがはるかに個性的であることはいうまでもありません。ただし、あまり神経質にあくを抜きすぎると、せっかくの個性を失うことにもなります。

下ごしらえの作業はさまざま

持ち帰った山菜は、できるだけ早く下ごしらえをします。ごみや枯れ葉を取り去り、よく

保存した山菜のもどし方

塩漬けしたタケノコの塩抜きの仕方

1

2

3

❶ 昨年に塩漬けにしたネマガリタケのタケノコ。必要量を取り出して利用する

❷ 鍋に十分な量の水をはり、塩漬けにされたタケノコを入れて火にかける

❸ 沸騰したら煮立ってしまわないうちにすくい上げる。取り出したら、1～2回冷水で洗い、塩加減を確かめる

乾燥ゼンマイのもどし方

1

2

3

❶ 水をはった鍋に乾燥ゼンマイを入れる

❷ 火にかけ、熱くなるまでときどき手で軽くもみほぐす。熱くなったら湯を捨て、水を替え、これを2～3回繰り返す。最後は、そのまま沸騰させる

❸ 沸騰したら火を止め、そのまま放置する。あくが出たら2～3回、水を替える

水洗いをして土を落とします。次に不要な部分や堅くて食べられない部分を切り取ります。アザミやフキの茎の皮むき、ゼンマイの綿毛取りなど、種類によって下ごしらえの内容はさまざまですがどれもよく洗いましょう。

その日のうちに調理できない場合は、水洗いをせず新聞紙で包んでおきます。数日もたせたいときは、よく洗ってからポリ袋やラップで包み、冷蔵庫に入れます。

あくの抜き方

◆あくが少ないものは軽くゆでるだけに

セリ、ウルイ、コゴミなどは、塩を少々加えた湯でひとゆでする程度とします。特に柔らかいカタクリ、イワタバコなどは、さっと湯をくぐらせる程度で十分。ゆですぎると香りや歯触りが失われるので注意します。

◆あくがやや強いものは冷水にさらす

ウド、ウコギ、ヨモギ、ツクシなど、少しあくの強いものは、ゆでたあと、冷たい水にさらし、何度か水を替えてあくを抜きます。20分～2時間くらいですが、途中で何度かあくの抜け具合を見て、風味を損なわないように注意します。

◆あくの強いものは木灰でゆでる

ワラビやゼンマイなど、あくの特に強いものは、木灰を使ってあく抜きをします。バットなどに並べた山菜にまんべんなく木灰をふりかけ、熱湯をかけます。そのまま落としぶたをして一晩おき、灰を洗い流してからさっとひとゆでし、冷水にさらします。木灰が入手できない場合は、代わりに重曹を用いることもできます。

また、タケノコのあく抜きには、米ぬかを加えた熱湯でゆでます。

木灰であくを抜く

ワラビ

❶ 沸騰した湯に入れ、1～2分かき混ぜながらゆでる。ただし、ワラビは、あくの強い山菜なので、これだけではあくは抜けない

❷ ゆでたワラビを引き上げたら、バットなど浅い容器にゆったりと広げる。作業は冷めないうちに手早く行う

❸ 風呂の湯よりは多少熱い程度に冷ました湯をひたひたにかけたのち、ワラビの量の1割程度の木灰をまんべんなくまぶす

❹ 木灰をまぶし終わったら、落としぶたをし、重しをのせて一昼夜ほど放置する。その後ゆで直し、冷水にさらしてあくを抜く

2 基本料理

山菜は一般に若い芽を利用することが多いので、特有のあくみ、くせみはあっても、しつこさはなく、淡泊な風味です。ですから料理法もあまり凝ったものより、なるべく簡素な手法で、あっさりと仕上げたほうが、持ち味を生かせます。

◆山菜のあくみとは

万人向けの味に改良された野菜とは異なり、山菜の多くは野性的なくせみを備えています。これが「あく」です。えぐみを感じるほどあくが強くては食べにくいので、適度なあく抜きが必要になります。ただし、多少のくせみは、むしろ山菜の個性ですから、あまり神経質にあくを抜かないことです。

東北地方では、「きどみ」という言葉で、山菜の強い香りのくせみを表現しますが、この言葉にはマイナス要素としての「あく」とはまた異なった、濃厚な風味というニュアンスがあるようです。

たとえば採りたてのヤマウドには、栽培品のウドとはまるで別の食物と思えるくらい強い香りと新鮮な風味があります。これをあくが強いと思う人もあるかもしれませんが、その強い風味を、野性的な山の味わいと感じるところに山菜の魅力があるのではないでしょうか。

◆季節感を味わう

元来は野菜でも旬の味というものがあるのですが、近年は施設栽培の普及で、例えばナス、キュウリ、トマトといった夏野菜が一年中出回るといった具合で、季節感に乏しくなりました。その結果、本当の旬の味覚が忘れ去られようとしています。

その点、山菜の多くは、木の芽がいっせいに吹き出すほんの短い期間しか味わえません。貴重な旬の味覚であることが、山菜のたまらない魅力になっています。

◀基本料理のいろいろ

山菜の魅力を引き出してくれる料理法といえば、天ぷら、おひたし、各種のあえもの、煮つけ、油炒めなどが基本です。その人の好みにもよりますが、個々の山菜の持ち味によって、当然それに合う料理法というものはあります。

◆「きどみ」のある山菜は

ウド、ウコギ、コシアブラ、タラノキなどウコギ科の山菜や、ヨモギ、ヨメナ、イヌドウナなどのキク科の山菜などは、きどみの強さ

●天ぷらの作り方

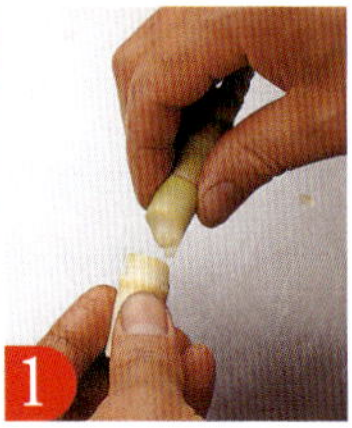

❶ネマガリタケの場合。まず皮をむき、根元の部分は堅いので最初から折り取っておく

❷冷水でやや堅めに溶いたころもをつけて揚げる。油の温度は170℃ほどが適温

❸ころもがからりとして、芯の部分まで熱が通ったころあいを見て、油から上げる。揚げすぎに注意する

ミズナ（ウワバミソウ）の葉の場合。ゆるめに溶いたころもを用い、葉の裏側だけにつけて揚げる。ごく短時間で手早くすくい上げるのがコツ

が持ち味で、天ぷらやごまあえなどの脂肪分を加えた料理に合います。ウコギ科の山菜は、油炒めにも適します。

　コシャク、セリ、ミツバなど香りの強いセリ科の山菜は、汁の実やひたしものに重宝されますが、やはり天ぷらやごまあえにも適しています。

◆苦みのある山菜は

アケビ（若芽）、ウコギ、フキノトウ、タンポポなどには苦みがあります。天ぷらや油炒めにすれば、ほとんど苦みは消えます。しかし、ほろ苦さがこれらの魅力でもあるのですから、酢のものや甘酢漬け、酢味噌あえなどで、苦みをやわらげる程度にして食べるのが山菜料理の本筋でしょう。

◆酸味のある山菜は

イタドリ、スイバなどタデ科の山菜やスベリヒユなどは酸っぱさが持ち味です。この酸味を生かして、酢のもの、酢味噌あえなどに利用します。おひたしなどにも適します。

◆ぬめりのある山菜は

山菜にはジュンサイ、ヤブカンゾウ、アマドコロ、ウルイ（オオバギボウシ）、ヤブガラシ、ミズナ（ウワバミソウ）、スベリヒユなど、特有のぬめりをもつものが少なくありません。

　こうしたぬめりを生かすには、酢味噌あえ、からしあえなど、酢やからしを用いた料理がいちばんのようです。

天ぷら

新鮮な山菜の風味を味わう方法として第一にあげられる料理法が天ぷらです。食べ方がわからない場合は天ぷらにすれば、まず間違いありません。

　アマドコロ、イヌドウナ、ウコギ、ウド、シオデ、セリ、タラノメ、ツワブキ、ドクダミ、ネマガリタケ、ハンゴンソウ、フキノトウ、ユキノシタ、ヨメナ、ヨモギなど、採りたての新鮮な香りや風味を味わってみてください。

◀天ぷらの揚げ方

水洗いをした山菜は、ふきんで水気を取っておきます。小麦粉を溶いてころもを作りますが、ころもは薄力粉250gに水350mℓを加えて溶くのが標準量となります。冷水で溶くのがからりと揚げるコツです。

　ミズナやユキノシタの葉を揚げる場合は、葉の裏側だけに少量のころもをつけて、手早く揚げるのがコツなので、ゆるめのころもにします。ツバキやキクなどの花を揚げる場合も同様で、花色を鮮やかに揚げるには、ころもの中に食酢を数滴落とします。

　これに対し、ネマガリタケなどは熱が通るまでにやや時間が必要なので、少し堅めのころもを使います。

ヨモギ（右下）やフキノトウ（左上）はミズナの葉よりは時間がかかるが、ネマガリタケほどはかからない。ころもの堅さも中間程度に

各種山菜の天ぷらの盛り合わせ。手前左からミズナ、フキノトウ、ネマガリタケ、後ろはヨモギ。それぞれ個性ある風味が楽しめる

あえもの

山菜料理の中心的な料理とされるのがあえものです。単調になりがちな素材の味に、ごまやからし、酢味噌、豆腐などのあえごろもを組み合わせて変化をつけます。結果として山菜に不足している栄養分も加わるため、体のためにも理にかなった料理法でもあります。

◆ごまあえ

酢を加えたごま酢あえや、ごま味噌あえが一般的です。特にごま味噌あえは、ほとんどの山菜に応用できる万能料理。白味噌を用い、ごまも白ごまを使うと、見た目にも美しいあえものとなります。だし汁と砂糖少量を加えます。

　ウド、タラノメ、ヤチアザミ、イワタバコ、ツルナ、シドケ（モミジガサ）、コゴミ（クサソテツ）、キヨタキシダ、シオデ、ナンテンハギ、コシャクなどに特によく合います。

◆からしあえ

さわやかな辛みが食欲を誘います。粉がらし、粒がらしのどちらでもかまいません。粉がらしは水で溶いて、粒がらしはいりごま程度のいり加減にいり、軽くすりつぶして用います。

ウルイの酢味噌あえ

❶ ゆで上がったウルイを引き上げ冷水に放す。さらしすぎないようにする

❷ 水から上げて軽く絞り、まな板の上で3〜4㎝ほどの長さに切りそろえる

❸ 器に盛り、用意した酢味噌をかける。この場合も食べる直前にかけること

❹ でき上がり。ウルイはくせのない山菜で、万人向きの素材といってよい

これにしょうゆとだし汁を加えて山菜をあえるからしじょうゆあえと、酢1と練り味噌2を加えてあえるからし酢味噌あえとがあります。からしの量はお好みで。からしの代わりにワサビを使っても、新鮮な味覚が味わえます。

　イワガラミ、イワタバコ、ウド、スベリヒユ、ツクシ、ツユクサ、ヤブカンゾウ、ウルイ（オオバギボウシ）、コゴミ、コシャクなどに特におすすめです。

◆酢味噌あえ

酢1、練り味噌2、砂糖少量の割合で混ぜたものであえます。酢を十分にきかせたほうがおいしいでしょう。

　アサツキ、ノビル、アザミ、ウコギ、ウド、ウルイ（オオバギボウシ）コゴミ、ヤブカンゾウ、ミズナ、ツリガネニンジン、ドクダミ、ニリンソウなどに幅広く利用できます。

◆白あえ

ふきんで絞った豆腐をすり鉢ですり、塩、砂糖各少量とだし汁で味をつけ、これで山菜をあえます。好みによりすり白ごまを加えます。

　イヌビユ、ガガイモ、コゴミ、キヨタキシダ、シオデ、セリ、ゼンマイ、シドケ（モミジガサ）、ワラビなどに適します。

◆くるみあえ

くるみを粗く砕き、酒、酢、味噌、砂糖を加えてあえるものです。くるみの殻をむくのはたいへんな作業なので、むきぐるみを利用してもよいでしょう。

タラノメ、コゴミ、ミヤマイラクサ、ノビル、ハンゴンソウ、ワラビなどに適します。

◆マヨネーズあえ

洋風で、若い人向きですが手軽に山菜を食べる方法としては、なかなかわるくありません。アシタバ、ウコギ、オケラ、シオデ、ツルナなどにぜひ試してみてください。

このほか、大根おろしであえる食べ方もあります。

ウドのごま味噌あえ

① 葉の開きかけている先端部分を切り取る。切り取った部分は天ぷらなどに利用する

② 皮をむく前に、上方から下方へ引き下げるようにしてはかまを落とす

③ 根元のほうから刃物を当てて、皮をむく。むき取った皮も、油炒めとして利用できる

④ 皮をむき終えたら、2〜3㎝の長さに切りそろえる。好みにより斜め切りにしてもよい

⑤ 色よくゆで上げるため、塩を少量加えた湯で、軽くさばきながらゆでる

⑥ ゆで上がったら、引き上げて冷水にさらす。さらしすぎるとあくが抜けすぎるので注意

⑦ あえごろもを作る。まずごまをいり、すり鉢でする。黒ごまでも白ごまでもよい

⑧ ごまがすれたら、こし味噌、砂糖、みりんを加えて味つけを。分量は好みで加減する

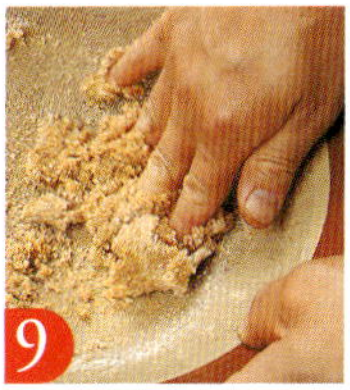

⑨ 手でよく混ぜ合わせる。みりんが多すぎると、ゆるくなるので注意する

⑩ ウドをあえる。早くからあえてしまうと水っぽくなるので、食べる直前にあえるとよい

⑪ でき上がり。ウドのごま味噌あえは、数ある山菜料理のなかでも最もおいしいもののひとつ

煮もの・煮びたし

山菜を煮つけるには、味噌味としょうゆ味とがありますが、いずれの場合も山菜の風味をできるだけ生かすため、関西風に煮汁を多めにし、薄味とするのが基本です。火を止めて、だしの味がしみるまで煮含めてください。

煮汁を少なくして、関東風に濃い味に煮る場合も、煮しめすぎないことです。

アカザ、アマドコロ、ウルイ、カタクリ、キヨタキシダ、ゼンマイ、フキ、ネマガリタケ、ミズナなどは、こうした煮ものに適した山菜です。

ただし、アザミの根やセリの根、ミツバの根などを煮つけるときは、十分に煮しめるようにします。

ゼンマイと身欠きにしんの炊き合わせ（しょうゆ味）

❶ 十分量の沸騰した湯に、あらかじめもどしておいた身欠きにしんを入れ、好みの柔らかさになるまで煮る

❷ にしんが煮えたら、もどしたゼンマイ、ゆでたタケノコ、ニンジンを入れ、砂糖、しょうゆ、みりんで味をつける

❸ 砂糖1に対して、しょうゆ2〜3の割合が味つけの目安。味がととのったら、車麩を入れてだしの味がしみるまで煮含める

❹ でき上がり。ゼンマイ、タケノコ（ネマガリタケ）、ニンジン、身欠きにしん、車麩の炊き合わせ

ミズナの煮びたし（味噌味）

❶ミズナは葉とはかまの部分をしごき取り、根元を切り捨ててから、2〜3㎝の長さに切りそろえる

❷切りそろえたミズナを、沸騰した湯に入れ、柔らかくなりすぎないよう注意しながら、しばらくゆでる

❸ミズナが煮えてきたら、味つけをする。味つけは、まず、みりんを入れる。

❹次に、味噌こしでこしながら味噌を加える。味噌の量は、味を確かめながら、濃くなりすぎないように注意する

❺味噌を加えてから少しぐらぐらとしたら、火が通ってでき上がり。煮すぎると味噌の風味が失われる

❻ミズナの煮びたし(味噌味)のでき上がり。たっぷりと煮汁をかけて盛りつけるとよい

健康茶

私たちの周囲に見られる植物には、薬用成分を含んだものがたくさんあります。ここでは、こうした身近な植物を用いた「健康茶」としての利用方法を紹介します。

資料提供・鳳英

スギナ茶

夏に繁茂する地上部を採取し、水洗い後、日干しにしたものを利用する。鎮咳《ちんがい》作用や利尿作用があるといわれている

◆煎じ方と飲み方

健康茶は、急須に沸騰した湯を入れ、普通のお茶のように利用することもできますが、やはり煎じて服用するのがベストです。ただし市販の健康茶は、焙煎などの処理がなされているので、長時間煎じる必要はありません。大さじ3杯の健康茶を、沸騰した1.5ℓの湯に入れ、弱火で10～20分煎じれば十分です。

好みにより、各種の健康茶をブレンドして楽しむこともできます。煎じた茶は熱いまま飲んでもよいのですが、冷蔵庫で冷やせばいっそう飲みやすくなります。人によっては体質に合わないこともあるので注意します。2～3日試して調子が悪くなるようでしたら中止してください。

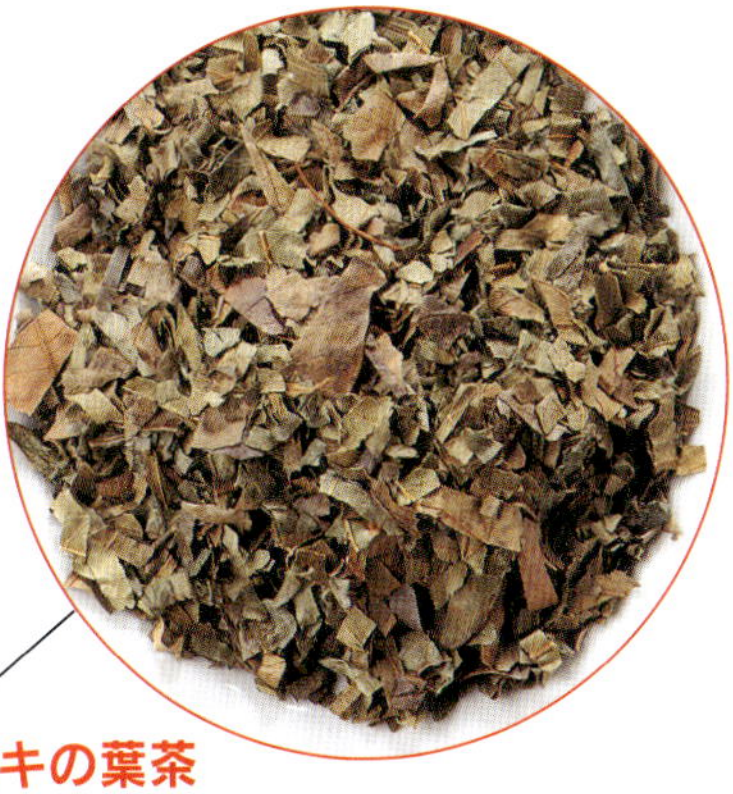

カキの葉茶

夏のうちに若葉を採取し、水洗い後、日干しにして利用する。葉にはビタミンCが豊富に含まれているのでお茶代わりに飲用するとよい

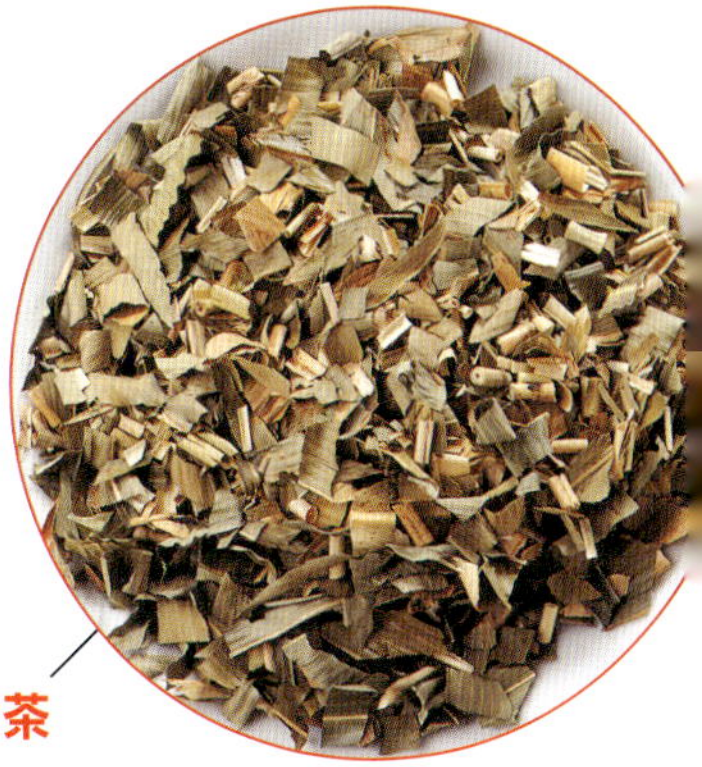

クマザサ茶

葉には、殺菌・防腐作用があることが明らかになっている。健康茶としては食欲増進、強壮、下痢《げり》止めなどに、広い効果が知られている

クコの実茶

葉を日干ししたものも健康茶として有名だが、赤熟した果実を干したものは、生薬名を枸杞子《くこし》といい、目の疲労や強壮目的に飲用される。また、クコの葉茶は高血圧症によいといわれている。

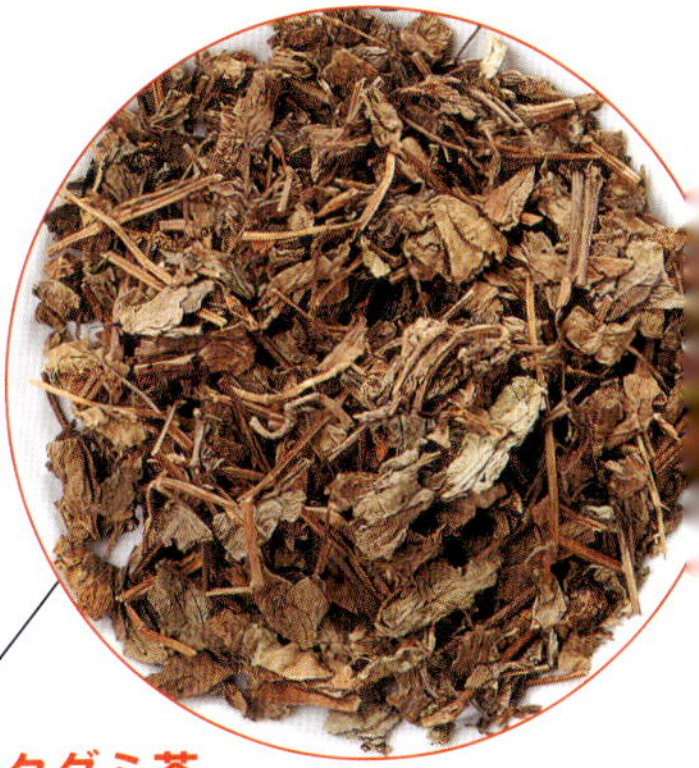

ドクダミ茶

健康茶のなかでも最もポピュラーなもので、花の時期に採取して、日干しにしたものを煎じて服用する。便通、利尿、高血圧予防、美容などの目的で飲まれている

ヨモギ茶

葉に精油のシネオール、セスキテルペンなどが含まれ、昔から健胃、貧血の補血などに効果があることが知られている。6～8月に採取した葉を日干しにして用いる

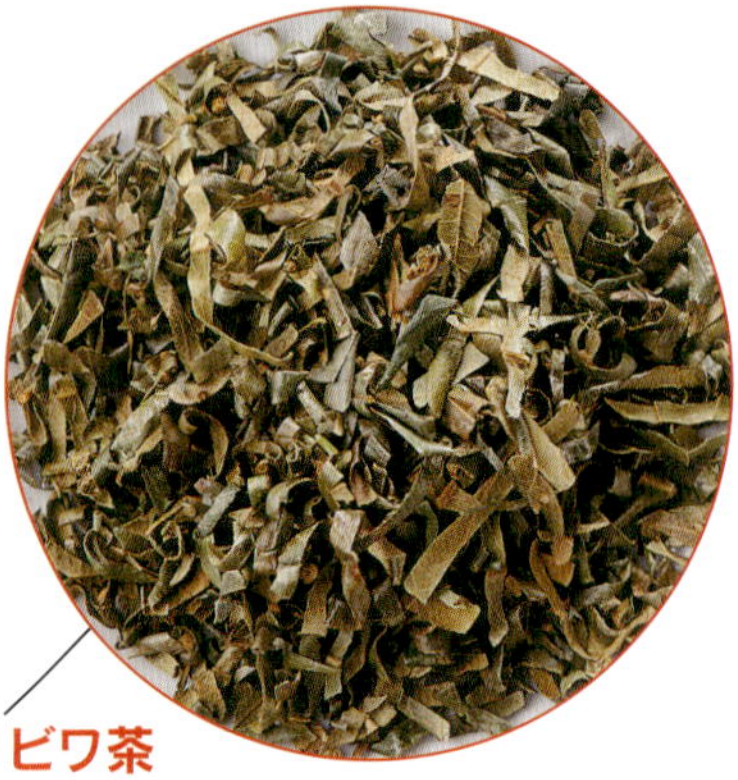

ビワ茶

ビワの葉にはタンニン、アミグダリンなどが含まれており、健胃、下痢《げり》止め、消炎の薬として用いられてきた。江戸時代には暑気あたりを防ぐ夏のドリンク剤とされた

ウコン茶

根茎の黄色い色素はクルクミンで、胆汁の分泌を促進する作用があることから、古くから肝臓の薬として利用されてきた。生薬名は鬱金《うこん》

クワの葉茶

クワの葉を日干しにしたもので、生薬名を桑葉《そうよう》といい、中国では古くから補血、強壮の薬として利用されてきた。葉の採取時期は6月ごろが適期

ハトムギ茶

ハトムギはイネ科の一年草。秋に収穫した果実を日干しにし、鍋でいり、煎じて飲むと、滋養強壮に役立つとされている、おいしい健康茶

ベニバナ茶

ベニバナはエジプト原産のキク科の一年草で、中国を経由して古い時代に渡来した。花弁を乾燥させたものが、生薬の紅花《こうか》で、血行をよくし、冷え性、更年期障害などに効果があるといわれている

ハブ茶

一般にハブ茶として市販されているのは、エビスグサの種子をいったもの。生薬名を決明子《けつめいし》といい、便通を整える薬とされる

薬用酒

野草や樹木には、さまざまな薬効成分が含まれているものがあります。この薬効成分を有効に使っているのが、漢方薬です。茎葉や根茎、果実などを乾燥して保存し、他の生薬と配合するなどして、必要に応じて煎じて服用、あるいは患部に塗ったり、うがい薬として用います。

一方、ここで紹介する薬用酒は、生で食べられない果実や、茎葉、または堅くて食べられない根茎などを、アルコール度の高い焼酎に漬けて薬用成分を抽出したものです。飲んで健康に役立てます。

就寝前に杯2杯ぐらいの少量を、毎日楽しみながらお飲みください。紹介する作り方は糖分を控えめにしていますので、飲みにくい場合は、砂糖やはちみつを加えるとよいでしょう。

作り方の注意点については141ページにも掲載してあるので、併せてご利用ください。

指導●一ノ谷アサ子

ゲンノショウコ酒

8〜9月に採取して、水洗い後に日干しにしたもの200g、グラニュー糖100gを焼酎1.8ℓに10か月ほど漬け込む。下痢《げり》止めに有効

ウワミズザクラ酒

4〜5月につぼみを花穂ごと20本ぐらい採取して水洗いし、水気をきって焼酎1.8ℓに、グラニュー糖100gといっしょに漬ける。秋に花穂を取り出し、代わりに黒く熟した果実を採取してきて500gほど加え、冷暗所で1年間ねかせる。こうすると、香りがあって飲みやすくなる。就寝前に杯1〜2杯飲むと疲労回復、咳《せき》止めに効果的

ジンチョウゲの花酒

早春に咲くよい香りを放つ花を摘み、水洗いして水気をきり、80〜100gとグラニュー糖大さじ2〜3杯といっっしょに、焼酎1.8ℓに漬ける。1年間ねかせてから食前酒として飲むと、消炎・鎮痛作用がある

アケビ酒

熟した果実の皮300g、つる500g、グラニュー糖100gを焼酎1.8ℓに漬け、果実の皮は10か月、つるは1年後に引き上げる。布でこしてから別の瓶で貯蔵する。利尿、むくみ取りに、1日量、杯1～2杯を飲む

アシタバ酒

生長した堅めの葉が向く。茎葉を日干しにしたもの150gとアシタバの果実50g、グラニュー糖50gを35度の焼酎1.8ℓに漬けて冷暗所にねかせる。茎葉は10か月で、果実は1年後に引き上げ、飲みはじめる。就寝前に杯1～2杯を飲むと、疲労回復、強壮、健胃整腸に役立つ

ノビル酒

鱗茎を掘り取り、水洗い後1日乾かしたもの600g、皮をむいたレモン2個、グラニュー糖100gを焼酎1.8ℓに漬ける。レモンは2か月後に、ノビルは1年後に取り除く。初期のかぜや冷え性に、杯に1～2杯を就寝前に飲む

タンポポ酒

根は花が咲く前に掘り取り、水洗いして1週間ぐらい干したもの、花は水洗いして水気をきっておく。根150gと花200g、グラニュー糖100gを焼酎1.8ℓに漬け、10か月後に根と花を引き上げる。その後1年間ねかせてから飲む。独特の渋みがあるので飲みにくい場合は、ウメ酒などとカクテルにすると飲みやすくなる。朝晩に杯1～2杯飲むと健胃に役立つ

ツルニンジン酒

キキョウ科の多年草。根を採取して水洗いし、5～7日干したもの350gと、グラニュー糖100gを焼酎1.8ℓに漬け、1年間冷暗所でねかせる。強壮、健胃、疲労回復に、1日量、杯1～2杯を飲む

ヨモギ酒

ヨモギ特有の香りがする健康酒。春に葉を摘み取って水洗いし、陰干ししたもの200gとグラニュー糖50gを焼酎1.8ℓに漬け込む。6か月後にヨモギを引き上げ、そのまま1年間ねかせて飲みはじめる。就寝前に杯1～2杯を飲むと疲労回復に役立つ

ウコギ酒

五加皮《ごかひ》という生薬名で、乾燥したウコギの根皮は漢方薬店で売られている。これを100gとはちみつ1カップを焼酎1.8ℓに漬け込み、半月ぐらいしてから飲みはじめる。ウコギは1年後に引き上げる。1日量、杯に1～2杯を飲み続けることで、冷え性、不眠症、滋養強壮に役立つ

マタタビ酒

マタタビの実を700g（虫こぶのある木天蓼《もくてんりょう》の場合は100g）とはちみつ½カップを、焼酎1.8ℓに漬けて冷暗所で保存し、1年後にマタタビを取り出す。1日量、杯1～2杯を飲むと、血液の循環をよくし安眠に役立つ

クコ酒

秋に採取した赤熟した実800g（乾燥した実は500g）とはちみつ1カップを、焼酎1.8ℓに漬け、1年間冷暗所に置く。強壮、疲労回復、不眠症に、1日量、杯1～2杯を飲む

アマドコロ酒

秋に地下茎を掘り取り、水洗い後に日干しにする（乾燥した根茎は漢方薬局でも入手できる）。根茎300gとグラニュー糖100gを焼酎1.8ℓで漬け、1年後に酒をこして別の瓶に移す。この薬酒は強壮に効くので飲みすぎないように注意。就寝前に杯1～2杯を飲む

キキョウ酒

秋に根を掘り、水洗い後4～5日、天日で干す。300～500gをグラニュー糖100gと一緒に焼酎1.8ℓで漬け、1年間ねかせる。強壮、痰《たん》切り、咳《せき》止めなどに役立つが、飲みすぎないように注意する

ドクダミ酒

6～7月の花期に地上部を刈り取り、水洗いして干したもの200gと皮をむいたレモン3個分を焼酎1.8ℓに漬け込む。レモンは3か月後、ドクダミは10か月後に引き上げる。利尿、血管強化、緩下《かんげ》に、毎晩、就寝前に杯2杯を飲む

薬草の用い方

私たちの祖先はさまざまな経験を通して、身のまわりの植物や動物、鉱物を薬用にしてきました。
漢方医学の理論に基づく漢方薬の場合は、医師の処方や薬剤師に相談することが必要です。
民間薬は、経験に基づいた生活の知恵として古くから伝えられてきたもので、医師の診断は必要ありませんが、適切な作り方、用い方を心がけ、薬剤師などに相談するのもよいでしょう。

薬草の採取と保存法

薬草は、いつでも採取できるわけではありません。有効成分がいちばんみなぎっているときが採取の適期です。採取時期は各項でも触れましたので参考にしてください。

採取した薬草は、生のままで薬をすりつぶして患部に貼ったり、青汁にする場合を別にして、たいていは完全に乾燥させて保存し、必要に応じて使います。

採取したら、まず水洗いして汚れを落とします。乾燥の方法には、日干しと陰干しがありますが、大抵のものは風通しのよいひなたに干してかまいません。根や太い茎、肉厚の葉などは刻んでから干します。

サフランの雌しべ、クチナシの果実、ハーブ類など、香りづけや色づけに用いるものは陰干しにします。

薬草の煎じ方、浴湯料の作り方

民間薬は、市販されている薬や漢方薬のように、限定的に正確に効力を発揮するものではありません。ごく軽い症状の改善や予防が目的です。特定の病気の場合は、早期に専門家に相談して漢方薬を処方してもらうか、病院で診察を受けるようにします。

以上の使い方を前提に、民間薬としての正しい用い方を紹介しましょう。

◆煎じて使う場合

民間薬のいちばん多い使われ方が、煎じる方法です。これに用いる器具はほうろう鍋、土瓶、土鍋、耐熱ガラスのポットや鍋にします。鉄製の器具は、生薬の中に含まれるタンニンが鉄分に反応して、効果が減少してしまうので適しません。

薬草の煎じ方

刻んで1日量を量る
所定量の水と刻んだ薬草を入れ、半量になるまでとろ火で煮つめる
煎じた薬草をこして取り除き、煎液を服用する

ここでは、水の所用量をコップで表記しましたが、コップ3杯は500～600㎖、コップ2杯は350～400㎖を目安にしています。容器に各項で明記した所定の生薬を入れ、所定の水を加えますが、このとき生薬は成分が抽出されやすいように刻みます。煮るときは、とろ火でじっくりと行い、見た目で半量になるまで煮つめます。煎液は1日分を作るのが原則で、作り置きはしません。

煎じ終えたら、茶こしでかすを取り除き、就寝前や食間などに分けて服用します。飲みにくい場合は、お湯で薄めたり、はちみつなどを加えてもよいでしょう。

◆浴湯料として

成分が出やすいように細かく刻んで、布袋に入れて口を縛ります。使いふるしのストッキングを袋代わりにすると便利です。

薬用酒の作り方

薬草の用い方のひとつに、アルコール度の強い酒に漬けて有効成分を抽出する薬用酒があります。大きな漢方薬局などで、乾燥したものが生薬として市販されていますから、自分で採取できなくても、手軽に作ることができます。

指導●一ノ谷アサ子

材料と作り方、飲み方

薬用酒に用いる薬草は、根や茎葉、果実などさまざまな部位が使われます。旬のものを生で使う場合は、水洗いしたあと、しっかり水きりしてから使います。

半乾燥や乾燥したものはそのまま漬け込みますが、もし気になるようでしたら、さっと水で洗い、水分をよく拭き取るようにしてください。水分が残っていると、保存中に濁りの原因になるので注意しましょう。太い根や大きめの茎や葉は成分が溶け出しやすいように切っておきます。

酒は有効成分を抽出しやすいよう、アルコール度35度以上のものを使います。焼酎以外にウォッカ、ブランデー、ウィスキー、ラム酒なども使えます。

砂糖は、よく精製されているグラニュー糖やはちみつを使います。このほか果糖、氷砂糖でも結構ですが、美しい酒を作るコツは、砂糖を少なめに用いることです。甘さは、飲むときにはちみつなどをたすなどして加減するとよいでしょう。

素材に酸味がないものは、レモンの皮をむいて輪切りにしたものをいっしょに入れると、おいしくなります。

容器は透明な広口瓶が使いやすいのでおすすめです。きれいに洗って、よく乾いたものを使います。

漬け込みを終えたら、完全に密封して、薬用酒名、漬け込んだ期日を記入したラベルを貼り、冷暗所で保管します。

薬用酒は飲みすぎてはいけません。杯1～2杯を、食前や食後、就寝前に、毎日飲み続けるようにします。

山菜のおいしい宿・料理店

採れたての山菜を味わうには、山菜の宝庫として名高い、山紫水明の地を訪れるのがいちばんです。全国各地に散在する評判の店や旅館をご紹介します。

長野県戸隠

そば会席の宿・鷹明亭辻旅館

［おうめいていつじりょかん］

「鷹明亭辻旅館」は、戸隠連峰の峰々を望む、上信越高原国立公園のまっただ中にあります。究極の山菜料理が食べられる割烹旅館との評判は高く、全国各地から訪れる人が絶えません。

山菜のほか、春の高原に自生する野草の花も料理に加わり大好評。いずれもスタッフが朝採りした新鮮なものばかりです。

山菜は地元の奥の山で採取したものを使います。ヤマウド、エラ（ミヤマイラクサ）、ウトナ、ウシゴボウ、フキ、タラノメなど種類も豊富。

山菜やきのこが意外な形でそばと出合うそば会席は、味もボリュームも満点です。

地元の山で採れた山菜

春料理の一例。山の幸山菜が主役に

客人を心地よく迎える「鷹明亭」のアプローチ

「鷹明亭」自慢のそば会席。本場戸隠そばと採れたての山菜がふんだんに味わえると評判

- ●住所　〒381-4101 長野県長野市戸隠中社3360
- ●TEL　026（254）2337〈休業日・不定期〉
- ●宿泊料　1泊2食つき15750円より
- ●料理　昼食4200円より、夕食7350円より
- ●アクセス　JR長野駅より戸隠行きバスにて中社大門下車徒歩2分

http://www.tgk.janis.or.jp/~oumeitei/

山形県月山

出羽屋 ［でわや］

山菜料理といえば、まずは出羽三山への登山口に店を構える「出羽屋」の名が浮かびます。この世界きっての名門で、先代の佐藤邦治さんは山菜料理というジャンルを確立したパイオニア。今は三代目の治彦さんがのれんを守っています。

出羽屋の特徴は徹底的に素材にこだわり、とことんおいしさをきわめた点。しかも、吟味された上等の器に盛りつけて客を満足させる演出の巧みさは、定評のあるところです。

料理が運ばれ、まず驚くのがその品数の多さ。一瞬圧倒されるほどですが、口に運ぶと、抵抗なくすんなり胃袋に収まるから不思議です。濃すぎず、薄すぎず、過不足のない味には、味にうるさいグルメもただ脱帽です。

とりわけ喜ばれるのが月山のネマガリタケを使ったタケノコ汁。ウドのごま味噌あえ、たっぷりと山菜を使った山菜鍋も絶品。出羽屋にしかできない完成された味の逸品です。

当地に古くから伝わる、おふるまいのコース料理もまた必見の価値ありです。山の幸満載の、贅の限りを尽くしたコース料理は、まさに圧巻。

山菜の魅力をとことん知り尽くした、老舗出羽屋の面目躍如といったところでしょうか。

多くの客人をもてなしてきた「出羽屋」の玄関。格子や柱には老舗の風格が漂う

おひたしの盛り合わせ。コゴミはもちろん、アケビの若芽やウルイなども登場

- 住所　〒990-0703 山形県西村山郡西川町間沢58
- TEL　0237(74)2323
〈休業日・12月30日～1月1日、8月13日〉
- 宿泊料　1泊2食つき10800円より
- 料理　山菜籠膳2484円より、山菜料理4752円より、おふるまい料理11880円より
- アクセス　JR山形駅より高速鶴岡行きバスにて山形自動車道西川IC下車。送迎あり。同ICより5分

http://www.dewaya.com

贅の限りを尽くした、おふるまい料理。盛られる伊万里の皿や漆器は、いずれも一級品ばかり

山形県月山 [たまき]

清流・庭園・山菜料理 玉貴

「玉貴」を訪れて、真っ先に目に留まるのが立派な門構え。広々とした座敷に座ると、目の前には日本一の清流ともいわれる寒河江川《さがえがわ》がとうとうと流れています。

　春は、もちろん山菜に始まり山菜に終わるといっても過言ではありません。タラノメ、コゴミ、ヤマウドなど、月山の山麓で採れた山菜は、いずれもみずみずしく歯ごたえも満点です。山菜料理だけでは物足りないという向きには、山形牛のフィレステーキがお薦めです。柔らかさと味のよさは申し分ありません。夏は清流に躍る川魚主体の料理が並びます。水の冷たい寒河江川に棲むイワナ、ヤマメ、鮎などは、いずれも身が引き締まり、極上の味と評判です。

　秋の主役は、なんといってもきのこ類。月山山麓のナメコ、シメジ、マツタケなど続々登場します。手をかえ品をかえ、さまざまに味つけられたきのこ料理には、板前の心意気がひしひしと伝わってきます。庭園、清流、そして料理のおいしさには、だれもが心底満足するに違いありません。

堂々たる門構えの「玉貴」。広大な駐車場もあり、団体で訪れるツアー客も多い

●住所　〒990-0703
山形県西村山郡西川町
間沢80-1
●TEL　0237(74)2364
〈休業日・年末年始〉
●料理　4752円より
●アクセス　JR山形駅より
高速鶴岡行きバスにて
山形自動車道西川IC下車。
同ICより車で3分
http://www.sansai-tamaki.com

秋田県角館 [しょうじ]

東海林

角館は秋田の小京都として知られる美しい町。山菜料理で名高い料亭「東海林」は、そんな静かな町のたたずまいにふさわしく、粋で品のある店構えが特徴です。

「体に安全な食べ物をと、お米も、塩も、山菜も、すべての天然ものを使っています」とは、女将、東海林愛子さんの弁。その言葉どおり、かつてここに住む人たちが山に分け入って手に入れ、知恵を絞って生まれた献立が、今風に再現されています。春は山菜、夏はジュンサイや釣り鮎、秋はきのこやアケビ、そして冬は秋田名物きりたんぽ、しょっつる、天然の鴨を使った鴨鍋。一度ならず季節を追って再三訪れて賞味する熱烈なファンがいるのも無理はありません。

　店の装いは、この地特産の桜材をふんだんに使った落ち着いた風情です。どこもかしこもぴかぴかに磨き上げられ、すがすがしい感じさえします。

　そして目の前に並んだコース料理の見事なこと。京風の美しい器に行儀よく納まった山菜料理を前に、一瞬箸をつけるのがためらわれるほどでした。

●住所　〒014-0357
秋田県仙北市角館町花場下8
●TEL　0187(54)2022
〈休業日・不定期〉
●料理　昼食3240円より、
夕食5400円より
●アクセス　JR田沢湖線角
館駅下車、徒歩15分
http://ryotei-shoji.jp/

地元で採れた山菜や川魚が、京風のやさしい器に盛られ、華やかな食卓に

新潟県大湯

駒の湯山荘

［こまのゆさんそう］

駒ヶ岳の山懐に抱かれて、ランプの宿「駒の湯山荘」は静かにたたずんでいます。

ランプの宿とわざわざ銘打っているのは、いまだ電気が引かれていないため。ノスタルジックなランプの灯りの下、露天風呂に浸り、山菜や川魚に舌つづみを打てる希有な宿として、今や全国的にも有名です。冬期は雪に埋もれるため、営業しているのは4月下旬から11月の上旬まで。この宿のキャッチフレーズは「何にもない」というもの。

ところが、何にもないどころか、木の芽、山菜、野草となんでもござれ、おまけに露天風呂まであって、贅沢なことこの上もありません。場所が場所だけに宿のまわりは山菜の宝庫です。

採取間もない新鮮な山菜だけを供するのがここの方針。なかでも春しか味わえない山菜の天ぷらは、天下一品と評判です。木の実や川魚のおいしさはいうに及ばず、この地方に伝わる多彩な郷土料理の数々も、じつにこたえられない味です。

ランプの灯りの下で、ゆっくり浸る露天風呂の心地よさは、満点。湯の温度は比較的低め、何時間も浸る客がいるそう

いかにも湯治場の雰囲気が漂う玄関。「日本秘湯を守る会」の提灯が駒の湯のシンボル

●住所　〒946-0088
新潟県魚沼市大湯温泉719-1
●TEL　090(2560)0305
(衛星電話)
〈休業日・11月上旬より翌年4月下旬まで〉
●宿泊料　1泊2食つき9950円より
●アクセス　JR上越線小出駅より大湯温泉行きバスにて終点下車。大湯温泉より送迎あり

東京都檜原村

観光旅館 三頭山荘

［みとうさんそう］

ずらり並んだ山菜20品。ワラビ、フキノトウはもちろん、アカシアの花やマタタビの実など珍味も混じる。いずれも奥多摩の恵み

今もなお山里の風情が残る東京の最後の秘境、奥多摩に「観光旅館 三頭山荘」はあります。秩父多摩甲斐国立公園の中だけあって、真っ先に迎えてくれるのは手つかずの自然。例えば自慢の鉱泉です。「東京にも温泉が?」と驚く客がしきりとのこと。

これまで多くの人々に愛されてきたのは、もちろんこの恵まれた自然のせいばかりではありません。何よりこの山荘を有名にしているのが、贅沢な山菜料理や川魚料理です。

地酒「喜正」を楽しみながら味わう、奥多摩特産の山菜は全20品。小皿に盛られ、朱塗りの盆に整然と並びます。都心の喧噪からほんのわずか離れただけの近場に、これほど多くの山菜があるとは、にわかに信じがたいほどです。じっくり眺めて二度びっくり。素材には、マタタビの実や昔懐かしいツクシが使われています。「自然の畑」を謳い文句にするこの旅館ならではの味です。もちろん、旬の味を旬に味わってこそ本物、という旅館のコンセプトは清流の味覚にも当てはまります。鯉、ヤマメ、イワナなど、獲りたての天然ものの味わいは極上です。

古色を帯びた玄関。建物は「かぶと造り」と呼ばれるこの地域に独特の建築様式

●住所　〒190-0221 東京都西多摩郡檜原村数馬2603
●TEL　042(598)6138
〈休業日・木曜日〉
●宿泊料　1泊2食つき11880円より
●アクセス　JR五日市線五日市駅より数馬行きバスにて終点下車、徒歩10分

長野県木曽町

鹿の瀬温泉

［かのせおんせん］

「鹿の瀬温泉」のコース料理。炭火であぶりながら食べるきのこや川魚の味は格別。山菜も、種類が豊富で、とにかくおいしい

●住所　〒397-0101 長野県木曽郡木曽町三岳1-8
●TEL　0264(46)2034〈休業日・不定期〉
●宿泊料　1泊2食つき11150円より
●アクセス　車で塩尻・中津川ICより御岳ロープウェイの看板を目印に1時間半

「鹿の瀬温泉」は御岳山《おんたけさん》の五合目にある、天然温泉かけ流しの宿です。近くに御岳ロープウェイがあるので、一大パノラマも楽しめます。

温泉に入ってじっくりぬくもったところでいただくコース料理は、懐かしくも心なごむ味がします。聞けば山の幸を堪能していただこうと、イワナ料理をメインに、御岳山で採れた山菜やきのこを使った手作り料理。米や調味料も無添加、無農薬のものを使っています。

ここのもうひとつの見ものは、江戸時代の浮世絵や古伊万里を収集した展示館。広重や豊国のオリジナル20点は、いずれも逸品ぞろいですし、古伊万里の収集品も見逃せません。

長野県戸隠

大西旅館

［おおにしりょかん］

観光地として名高い戸隠連峰のふもとに「大西旅館」はあります。古くは信仰の地だっただけに、250年もの長きにわたり、数多くの修験者が利用した宿坊です。二十数年前、火災に遭い、由緒ある建物を失いましたが、今や近代的な旅館に生まれ変わり、従来にもまして繁盛しています。周囲は修験僧が行き交っていたころと同じく、うっそうとした木立がそっくり残っています。

いうまでもなく、山菜の豊かさにかけては日本でも有数の土地。春はギョウジャニンニクの味噌あえ、ヨブスマソウのおひたしなど、山採りの贅沢な味が勢ぞろい。秋は秋できのこ三昧。なかでもシメジの蒸しスープはここだけのオリジナルで、現代的な味わいと精進料理のエッセンスが調和した、みごとな味と評判です。じっくり味わったあとに出されるのが自慢の手打戸隠そば。もちろん自家製の手打ちで味は天下一品。満腹のおなかにもスムーズに収まります。

全国各地に熱狂的なファンをもつのはご主人の温厚な人柄ゆえ。250種もの山野草を植えた、ロックガーデン風の広大な庭も必見です。

宿坊旅館として長い歴史を誇る「大西旅館」。現在の建物は、火災後に新築したもの

●住所　〒381-4101 長野県長野市戸隠中社3500
●TEL　026(254)2040〈年中無休〉
●宿泊料　1泊2食つき8800円より
●料理　1500円より
●アクセス　JR長野駅より戸隠行きバスにて中社宮前下車、徒歩1分

新潟県入広瀬

喜楽荘

［きらくそう］

喜楽荘は、雪解け水が流れる守門川のほとりにたたずむ民宿です。ご主人の浅井藤夫さんは、子どものころから近くの山の豊かな植生を知り尽くしている山菜採りのベテラン。毎日、傾斜の険しい山肌をものともせず、目指す種類を採取して回り、採れたてのさまざまな山菜料理を提供しています。家庭的な雰囲気のなかで味わう新鮮な山の味覚は格別です。

「都会から来られるかたは、採取する体験が楽しいんですよ。だからついつい国有林や私有地に入り込んでしまうトラブルが起きるんです。そこで、喜楽荘では希望するかたには私どもの所有する山で、山菜採りの体験もしていただけるようにしています。ゴールデンウィークが終わるころから、いよいよ山菜のシーズンです。ぜひいらっしゃってください」。

眼の前で煮ながら食べる山菜鍋がメイン。そのほか工夫を凝らした山菜料理の数々がずらりと並ぶ

希望者は喜楽荘所有の山で、山菜採りの体験も味わうことができる

- 住所　〒946-0303
  新潟県魚沼市大白川872-1
- TEL 025(796)2731
  FAX 025(796)2732
- 1泊2食7000円より
  (予約が必要)
- 料理のみは3500円より
  (予約が必要)

http://www.h2.dion.ne.jp/~kirakuso/

新潟県入広瀬

民宿 才七

［さいしち］

「才七」の料理はすべて、かあちゃんの手作り。アットホームな雰囲気のなかで旬の山菜をふんだんに用いた料理が楽しめます。春には主人が獲った熊汁が味わえることも。

メニューは四季それぞれの味覚が堪能できる越後の郷土料理

- 住所　〒946-0303
  新潟県魚沼市大白川356-2
- TEL 025(796)2540
- 1泊2食6500円より(予約が必要)
- 料理のみは3000円より(予約が必要)

新潟県 さんさい共和国

新潟県の山間、魚沼市の入広瀬地区に「さんさい共和国」が誕生したのは昭和58年10月のことです。

この地域に残る手つかずの大自然は日本列島でも数少ない山菜の宝庫。種類の多さと品質のよさは、ほかに例がないとさえいわれています。

建国の趣旨は山菜に関する知識の普及や保護で、5か条からなる建国文や国歌にも、その旨が明記されています。山菜会館には山菜のみやげ物コーナーからレストランまであり、まさに山菜の殿堂。

- 問い合わせは、魚沼市観光協会、
  TEL 025(792)7300まで
- http://www.niigata-kankou.or.jp/index.html
- さんさい共和国へのアクセス
  JR只見線入広瀬駅または大白川駅下車

新潟県入広瀬

大雲沢ヒュッテ ［おおくもさわヒュッテ］

旬の山菜料理に舌鼓を打つには絶好の宿。また、山菜定食や手打ちそばを日帰りでも楽しめます。テーブル席のほか、くつろげる掘りごたつの座敷席もあります。

●住所　〒946-0303
新潟県魚沼市大白川1049
●TEL 025(796)3024
●1泊2食6700円より(予約が必要)
http://www.ookumosawa.net/

「大雲沢ヒュッテ」のそば定食。1人前2000円で予約が必要

新潟県入広瀬

民宿 休み場 ［やすみば］

大きな民家を改造した民宿で、珍味あふれる山菜尽くしのメニューを楽しむことができます。若女将さんの心のこもったもてなし、ご主人自慢の手打ちそばの風味も絶品です。

民宿「休み場」の料理。皮ごと火であぶったタケノコもここの名物。山菜料理は5～7月

●住所　〒946-0303
新潟県魚沼市大白川167
●TEL 025(796)2901
FAX 025(796)2914
●1泊2食6500円より(予約が必要)
●料理のみは3500円より(予約が必要)

福岡県秋月

黒門茶屋 ［くろもんちゃや］

城下町、秋月にこの店あり、といわれてきたのが「黒門茶屋」です。

店の前は延々500mも続く桜並木。当然ながら、散策で疲れた観光客でにぎわいます。お目当ては店自慢のくず餅。この土地で採れる天然のクズを使った上等なくず餅です。黒蜜のほどよい甘さに、甘党ならずとも2杯、3杯とお代わりしたくなるほど。くず餅の代わりにごま豆腐を試すのもよいかもしれません。

でも、なんといってもこの店の名物は年間を通して食べられるカワタケ料理。水前寺のりの名で知られるカワタケ(別名カワタケノリ、カワノリ)は、朝倉市の黄金川で採れる淡水産ののりです。

かつては全国各地に自生していましたが、環境汚染が進み、今やこの川でしか採れません。海ののりに比べ、淡泊で、ほどよい歯ごたえがありながら、すーっと溶けていくのが特徴です。カワタケ定食を注文すれば、酢のものや炊き込みご飯の具として、噂の珍味がふんだんに食べられます。

そのほかにも、秋採りのタケノコを使ったチンチク料理も、ごく短期間ですが食べることができます。

名物、カワタケをふんだんに使った定食。珍味カワタケは、酢のものや炊き込みご飯に入っている。くず餅もこの店ならではのおいしさ

●住所　〒838-0011
福岡県朝倉市秋月野鳥684-2
●TEL 0946(25)0492
〈休業日・不定期〉
●料理　1100円より
●アクセス　JR甘木駅より秋月行きバスにて郷土館前下車。高速道甘木ICより車で20分

採取の基礎知識

山歩きの服装と道具

肌を露出しない服装で、ナイフやかごを用意する

山菜が採れるころの山の様子を「山笑う」といいます。それまで雪に覆われ森閑としていた山が深い眠りから覚め、芽吹いた梢が山肌を桃色や薄紫、薄黄緑色などに染める姿は、いかにも山が春の到来を喜ぶように見えます。山を流れる空気はまだ冬の厳しさを一部に残してキーンと張りつめていますが、どこかに春の優しさをたたえて清澄です。谷川の流れも雪解け水を集めて大地を潤し、芽吹きはじめた山の幸を肥やします。

春山の美しい自然を堪能しながら山菜や野草を摘む楽しみは、自然と一体になって大地の恵みを分けてもらえることであり、格別の喜びがあるものです。

◆服装

できるだけ肌を露出しない服装にします。ブヨや蚊、トゲのある植物から身を守るために、山に入るときは、長ズボンと長袖のシャツにします。朝夕は冷え込むので、たたむとコンパクトになるベストがあると便利です。強い日差しを遮る帽子、手袋（軍手など）も必需品です。

◆履物

沢を登ったりすることもあるので、濡れても大丈夫なキャ

ラバンシューズなどを用意します。また、朝露の草原なども歩くので、ズボンの裾が濡れないようにスパッツをつけると万全です。歩きにくいかもしれませんが、濡れないという点ではゴム長靴もおすすめです。

◆必要な道具

山菜を採取するときに必要なものとしてナイフがあります。土を掘り根を採取するときに備えて、移植ごても必需品です。また、採取したものが混ざり合わないように、ビニール袋を何枚かと、ワラビなど茎状のものを束ねる輪ゴムも持っていきましょう。このように包み分けした山菜を入れて持ち帰るための大きめの入れ物も必要です。ただし、手がふさがるものではいけません。背中に背負うか、腰に結わえる「かご」が便利です。

山に入るときには熊に対する用心も欠かせません。人の存在を知らせるために音の出る携帯ラジオや鈴を腰につけ、万が一のときのために鋭い音の出る呼子《よびこ》を持参します。

また念のために5万分の1の地図やコンパス、ノート、筆記具も持っていきましょう。自分で歩いた道を地図に記入し、山菜の採取ポイントを記しておくと、来年の採取に役立ちます。虫刺されなどに、薬も必要です。

◆あると便利な道具

藪《やぶ》に分け入るときに鉈《なた》があると便利です。また、杖代わりになるように、長い柄のついた小さな鎌(カバーがついているもの)、またはピッケルがあると重宝します。

安全に歩くために

春山は倒木に要注意。迷子にならない工夫も

おいしい春山の山菜採りは、残雪を間近に見ながらの山歩きになりますから、春山特有の危険も生じます。

山形県で初めて山菜採りに春山に分け入ったときに、案内の人に注意されたのが山道をふさぐ倒木です。幹の直径が10～15cmはある樹木が雪の重みで倒れて道をふさぎ、地に伏した樹冠部分はまだうっすらと雪に覆われていました。「この木は雪が解けると跳ね返ってまた立ち直る。それが今ごろの時期で、こんな木があったら絶対またいではいけない。回り道して通る」が鉄則なのです。またいでいる最中、なんらかの震動を受けて、木が跳ね上がってきたら……。想像するだけでも怖くなります。

また、初めての山の場合は、できるだけグループで行くようにしたほうがよいでしょう。それでも、採取に夢中になって、幾つか小さな山を越えると帰り道がわからなくなることがあります。地図とコンパスは必需品ですが、赤や黄色などの目立つ色のテープを用意して持っていき、山に深く入りそうな場合は、ところどころで枝にテープを結びつけて目印にします。

また、採取しているうちに離ればなれになることがあるので、呼子、携帯ラジオなど音の出るもので、居場所がわかるようにしておきます。

採取中に天候が急変することがあります。雨が降りそうな雲行きになってきたら無理をしないで下山します。

雷が近づいてきたら尾根や平地を避けて窪地に避難しましょう。いちばん高い地点や高木の下は危険です。

山菜採りのマナー

採取した山菜は持ち帰り食べるのがマナーです

山菜がブームとなって、春になると、これまで地元の人しか立ち入らなかったような山地にも、都会からの人たちが出かけるようになりました。ところが、町の人たちは、悪気はなくても山菜採りのマナーを身につけていないことが多く、しばしば地元の人の反感を買うようです。

　ちょうど山菜採りをしていた地元の人に、このことを尋ねてみたところ、いちばん嫌な思いをするのは、道端に捨てられた山菜を見ることだ、といいます。

　車で都会からやってきて、山菜を採り、収穫量が少ないと、これっぽちでは仕方がないとばかり、帰り道に車窓から放り投げていく。このようなマナー違反の人がいるようで、地元の人は心を痛めていました。

　山菜は貴重な自然の恵みです。せっかく採取したものは必ず自分で持ち帰って料理していただく。この最低限のマナーはしっかり守りたいものです。

　また、山菜の大半は採取したあと時間がたつにしたがってえぐみなどあくが強くなります。そこで、採取したその日のうちにあく抜きなどの下ごしらえをするか、そうでないときには冷蔵庫などに入れて保存します。できるだけ早いうちに処理するのが、おいしく食べるコツだからです。

　ですから、山菜採りは日帰りできる範囲か、または、遠方でも知人宅などで下ごしらえができる場所を選びたいものです。

　採取時には翌年のことも考えて、全部採り尽くさないことも守らなければいけないマナーのひとつです。

　本誌では、各山菜・野草の採取の項で、自然保護の立場から採取の仕方を解説していますので、ぜひ参考にしてください。

保存の仕方

多量に採取できたときなどは、むだにすることなくしかるべき方法で保存しておくとよいでしょう。後日、山菜採りの思い出とともに懐かしく味わうのも楽しいものです。

塩漬けによる保存法

塩分の浸透圧作用を利用し、水分を抜いて腐敗を防ぐ方法で、たいていの山菜に利用できる便利な貯蔵法です。

作業はできるだけ採取したその日のうちに行うことが望ましく、遅くても翌日には漬け込むようにしましょう。遅れるほど切り口の部分から堅くなって、漬かりも悪くなりますし、食べられる部分が少なくなります。

ミズナ、コゴミ、キヨタキシダ、イタドリ、ウド、タラノメなどは生のまま漬け込みますが、フキ、ネマガリタケなど軸が太いものや堅いものは、一度ゆでてから漬けます。

塩をふんだんに用いるのがコツ

保存のための塩漬けは、食味加工を目的にした「漬けもの」作りとはまったく異なります。これを間違って甘塩に漬けたりすると、大失敗をするので注意してください。

山菜に対する塩の量は浸透圧作用で飽和状態にするのが最良です。飽和状態になれば、どんなに塩が多くても、それ以上は山菜には浸透しませんから、基本的に、塩の量が多すぎるということはありません。過飽和となるように多量の塩で漬け込むのが失敗しないコツです。

容器は樽や広口のポリ容器を使用します。容器の底に適量の塩を敷いて山菜をひと並べ入れ、この上に淡雪程度に塩をふりかけます。これを繰り返して、いちばん上にはさらに多めに塩をかけます。

次に押しぶたをのせ、重しを置きます。数日して水が上がってきたら、重しは浮き上がらない程度の軽い石に替えます。

ネマガリタケの塩漬け保存（少量の場合）

❶ 皮をむいたネマガリタケを、塩を入れて沸騰させた湯に入れ、ゆで上がったらすくい上げて冷水に放す

❷ 冷水から引き上げたネマガリタケをポリエチレンの袋に入れ、塩を十分量ふりかける

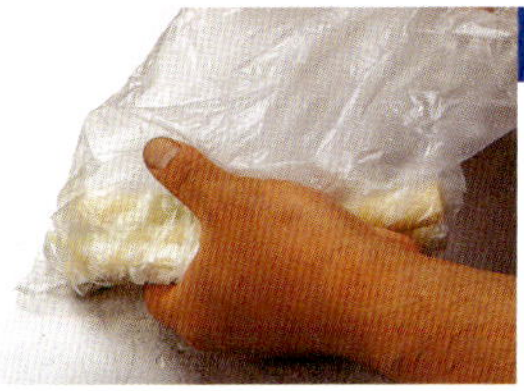

❸ さらさらするほど塩をふりかけたら、袋の中でよくかき混ぜ、塩を均一になじませる

❹ ポリ袋ごとボウルなどの容器に入れ、重しをのせて保存する。料理する際のもどし方は126ページを参照

索引

植物名さくいんと生薬名さくいんの2種を用意しました。
本文中でタイトル名にしているものは赤字とし、毒薬は[毒]と表記してあります。

植物名さくいん

ワラビナ……32

生薬名さくいん

い

萎蕤（いずい）……14
淫羊藿（いんようかく）……87

う

鬱金（うこん）……136

お

鴨跖草（おうせきそう）……105

か

艾葉（がいよう）……18
夏枯草（かごそう）……87
片栗澱粉（かたくりでんぷん）……36
葛根（かっこん）……90
荷葉（かよう）……113

き

桔梗（ききょう）……91
金銀花（きんぎんか）……94
金針菜（きんしんさい）……12

く

苦苣苔（くきょたい）……81
枸杞子（くこし）……89・135
枸杞葉（くこよう）……89

け

決明子（けつめいし）……136

こ

紅花（こうか）……136
五加皮（ごかひ）……80・138
虎耳草（こじそう）……105
虎杖根（こじょうこん）……60

さ

山梔子（さんしし）……104
山椒（さんしょう）……72
酸模根（さんもこん）……24
山薬（さんやく）……110
山愈菜（さんゆさい）……76

し

地骨皮（じこっぴ）……89
沙参（しゃじん）……95
車前子（しゃぜんし）……43
車前草（しゃぜんそう）……43
十薬（じゅうやく）……55
升麻（しょうま）……94

せ

旋花（せんか）……96

そ

桑葉（そうよう）……136

た

大薊（たいけい）……28
槖吾（たくご）……83

な

南五味子（なんごみし）……108

に

忍冬（にんどう）……94

は

菝葜（ばっかつ）……106
蕃杏（ばんきょう）……117

ひ

白芨（びゃくきゅう）……98
白朮（びゃくじゅつ）……88

ほ

蒲公英根（ほこうえいこん）……10

も

木通（もくつう）……40
木天蓼（もくてんりょう）……74・139
問荊（もんけい）……9

よ

羊蹄根（ようていこん）……19

り

竜牙草（りゅうげそう）……93

れ

蓮根（れんこん）……113
蓮実（れんじつ）……113
連銭草（れんせんそう）……89

わ

和款冬花（わかんとうか）……6
和独活（わどっかつ）……62

監修

高野昭人（たかの・あきひと）

新潟県小千谷市生まれ。富山医科薬科大学大学院修了（薬学博士）。1994年より東京都町田市にある昭和薬科大学薬用植物園に勤務し、現在に至る。日本薬学会、日本生薬学会、種生物学会等会員。ヒマラヤ地域やブラジルなどで薬用植物の調査を実施。

●取材協力・料理製作

出羽屋、喜楽荘、三頭山荘、沼尾光三

●参考文献

『山菜・薬草早分かり百科』（主婦と生活社）
『山菜全科』（家の光協会）
『薬になる植物百科』（主婦と生活社）
『園芸植物大辞典』（小学館）
『出羽屋の山菜料理』（求龍堂）

●写真

今井秀治
工藤雅夫
関澤正憲
古瀬耕司
アルスフォト企画

●イラスト

塩浦信太郎

●編集協力

水沼高利　高橋貞晴
松井　光

●アートディレクション

後藤晴彦

●デザイン

オフィス・ハル

【山菜を採取するための留意点について】

林野庁は、みなさまの健康のために、山菜採取にお出かけになる前に、「そこが山菜を採ってよい場所であるかどうか」「空間放射線量が高くないかどうか」の確認をお願いしています。山菜の放射性物質検査結果や森林に関する情報は、国や県のホームページに掲載されています。なお、山菜に関する不明点やご心配なことは、林野庁（林野庁林政部経営課特用林産対策室 直通☎03-6744-2289）、または最寄りの自治体に問い合わせることができます。（2018年3月現在）

採り方・食べ方・効能がわかる

【新版】おいしく食べる 山菜・野草

発行日　2013年 3 月20日　初版第 1 刷発行
　　　　2022年12月 5 日　　第10刷発行

発行者　竹間 勉
発行　株式会社世界文化ブックス
発行・発売　株式会社世界文化社
〒102-8195　東京都千代田区九段北4-2-29
電話　03-3262-5118（編集部）
　　　03-3262-5115（販売部）
印刷・製本　共同印刷株式会社

ISBN 978-4-418-13306-2